Diogenes Taschenbuch 24321

Heiße Zeiten, heiße Geschichten

Ausgewählt von
Margaux de Weck

Diogenes

Nachweis am Schluss des Bandes
Umschlagillustration von Jean-Jacques Sempé

Originalausgabe

Veröffentlicht als Diogenes Taschenbuch, 2015
Alle Rechte an dieser Ausgabe vorbehalten
Diogenes Verlag AG Zürich
www.diogenes.ch
200/15/8/1
ISBN 978 3 257 24321 5

Inhalt

Benjamin v. Stuckrad-Barre

Sommernächte

An die große Liebe jenseits von Kino, Popsong oder Schundroman zu glauben, diesseits also, hier, in echt, das ist den meisten Menschen zu kitschig; den einen aus Angst, den anderen aus Erfahrung. Trotzdem lesen viele Horoskope, aber das ist ein anderes Thema. Statt abstrakt und utopisch glauben die Menschen lieber handfest – sie wenden sich von der Kirche ab und treten stattdessen einem Fitnessclub oder einer anderen Sekte bei. Da weiß man, was man haben kann. Die Liebe hat kein so gutes Image, denn man kann sie nicht erzwingen, anders als einen Waschbrettbauch oder ein oranges Bettlaken, das man dann Erleuchtung nennen darf. Unbeeindruckt von der Riesennachfrage vergrößert sie keineswegs das Angebot, so arrogant ist die Liebe. Allein das Wetter scheint in der Lage, sie zu beeinflussen. Das ist statistisch bewiesen, und nicht zuletzt deshalb glaubt es jeder gerne: Im Sommer verliebt sich der Mensch häufiger als im Winter. »Liebe ist Wärme«, so heißt ein bislang unveröffentlichtes Stück von, sagen wir, Patti Lindner, und die B-Seite dieses Hits geht folglich so: »Im Winter ist es kalt, also bitte«. Im Winter hat man andere Probleme, rauhe Lippen zum Beispiel, Grippe oder Selbstmordgedanken, und all das verträgt sich mit der Liebe nicht. Natürlich, in Wintersportgebieten mag es anders sein, aber dort trinken die Menschen auch mehr, als der Krankenkasse lieb ist, und auf der Heimfahrt pellt sich die Nase und stapeln sich neue Telefonnummern, es ist also sozusagen Sommer mit Thermojacke und zählt deshalb nicht.

Ob Liebe und Sex identisch sind, dies zu klären sei das Vergnügen um gute Texte verlegener Bums-Magazine, begnügen wir uns hier mit der Feststellung, dass auf jeden Fall ein Zusammenhang existiert. Sex geht am besten mit wenig Kleidung. Liebe etwa auch? In einer Sommernacht bleibt es draußen länger hell, trotzdem sind Winternächte heller, denn man verbringt sie der Kälte wegen ja drinnen. Und da gibt es Licht, denn wir wohnen in Deutschland, und zu viel sehen können ist doof, nämlich realistisch, und die Menschen sorgen sich um Falten oder Hautunreinheiten, statt sich ordentlich zu küssen.

Zyniker und Wissenschaftler behaupten, Liebe sei im Wesentlichen eine chemische Reaktion. Das klingt dem Romantiker zu banal, dem Enttäuschten (langfristig also auch dem Romantiker) allerdings behagt diese Interpretation, denn Chemie ist erklär- und berechenbar. Chemische Reaktionen werden durch Wärmezufuhr (= Sommer) forciert, zwei Elemente (♀ und ♂) reagieren schneller und heftiger miteinander (= Sex bzw. Liebe – oder gar beides!). Und nun wollen wir die Schutzbrille mal wieder absetzen. Es ist Sommer. Man sieht viele halbnackte Menschen, und den meisten geht es besser als im Winter, überall wird gekeucht, und das sind nicht bloß die Allergiker. Auch haben die Menschen mehr Zeit, Urlaub sogar, und wenn schon alle nackt sind und Zeit haben, dann kann man es ja mal versuchen. Jedes Jahr gibt es einen Sommerhit, den jeder pfeift, begünstigt auch durch all die Cabrios; die Menschen sind emotionaler und viel eher als winters bereit, sich zu einigen, warum dann nicht gleich ver-? In Sommernächten wird natürlich auch mehr gelogen als in Winternächten. Aber es wird wenigstens miteinander gesprochen.

Leon de Winter

Piazza del Popolo –
›Alemagna‹, Via del Corso

In ganz Europa schien an diesem schönen Frühlingstag die Sonne. In allen Städten gingen die Menschen ohne Mantel aus dem Haus, bummelten entspannt an Geschäften entlang und machten Einkäufe oder zogen mit Picknickkorb in die Wälder und streckten sich unter freiem Himmel aus.

Die Kinos hatten einen schlechten Tag. Inklusive Kaplan und Bas zählte der Geschäftsführer des Amsterdamer Kinos, in dem *Superman II* lief, ganze dreiundvierzig Besucher.

Auch achtzehnhundert Kilometer weiter südlich, in Rom, war der Geschäftsführer eines Kinos, in dem zur gleichen Zeit *Superman I* gezeigt wurde, mit dem Echo nicht zufrieden. Ja, er war verzweifelt. Drei Karten hatte er verkauft, und er bangte um die Zukunft seines Theaters. Über drei Ecken hatte er gehört, dass der Besitzer plante, aus dem Kino eine Eishalle zu machen. In seinen Ohren klang das absurd: eine Eisbahn in Rom, wer würde da schon hingehen! Italiener, und Römer ganz besonders, fürchteten sich vor Kälte und Eis, das wusste doch jedes Kind!

Der Bruder des Geschäftsführers hatte einen besseren Job. Während die Römer vom Ins-Kino-Gehen offenbar genug hatten, war es kaum denkbar, dass sie auch irgendwann aufhören würden zu essen. Und der Bruder, ein gut-aussehender junger Mann, war Kellner in einem hervorragenden Lokal in der Via del Corso, mitten im Stadtzentrum. Nur erstklassige Zutaten, erstklassige Speisen und erstklassige Gäste, darunter auffallend viele attraktive Frauen. Tagtäglich herrschte großer Andrang. Für einen Espresso und ein Croissant blätterten die Gäste dort mehr Geld auf den Tisch als für eine Eintrittskarte für *Superman 1*, und das konnte der Geschäftsführer einfach nicht verstehen.

Sein Bruder, der Kellner, verstand das sehr wohl. Man saß schlecht in dem Kino, die Projektion war zum Heulen, es zog, und die stinkenden Klos waren dauernd verstopft.

In dem Lokal, in dem er arbeitete, ging es da ganz anders zu. Es hatte zwei Teile: einen großen, hohen Saal mit zwei Kronleuchtern und Messingstangen und -lampen, wo man von einem komfortablen Sessel aus auf die Passanten und den regen Verkehr draußen auf der Straße hinausschauen konnte, und, im rechten Winkel zu diesem Saal und offen mit diesem verbunden, einen großen Raum ohne Tische und Stühle, wo allerlei Delikatessen zum Mitnehmen verkauft wurden (Salate, Vorspeisen, komplette Gerichte, Weine) und wo an mehreren Theken Kaffee und Gebäck, Eis und diverse kleine Häppchen serviert wurden. Der Bruder arbeitete in dem Teil, in dem man sitzen konnte, und er brachte gerade eine Bestellung an einen Tisch mit zwei Frauen und einem Mann. Die beiden blonden Frauen unterhielten sich in einer Fremdsprache mit komischen Rachenlauten. Schwedisch oder so. Der dunkelhaarige Mann war unverkennbar Italiener, ein Bär von einem Kerl mit schickem Kurzhaarschnitt. Das erinnerte den Bruder daran, dass er an diesem oder am nächsten Tag auch zum Friseur musste.

Eine der beiden Frauen an dem Tisch war Ellen de Waal. Ellen war mit einem niederländischen Diplomaten verheiratet und wohnte nach fünfzehn Jahren Afrika und Südamerika erstmals wieder in Europa. Doch in Kürze würden sie auch Rom wieder verlassen, um sich zu einem neuen Posten, vermutlich in Nordamerika, zu begeben. Vor drei Jahren, kurz nach ihrer Ankunft in Rom, hatte Ellen bei einem Empfang Lucie, die andere Frau am Tisch, kennengelernt, und sie waren Freundinnen geworden. Lucie wohnte bereits seit elf Jahren in Rom, wo sie für einen niederländischen Reiseveranstalter arbeitete. Sie war einundvierzig und hatte nach vielen Jahren heftiger, aber aussichtsloser Affären beschlossen, endlich Ruhe in ihr Leben zu bringen. Sie meinte damit: Es wurde Zeit zu heiraten. Sie war nun in Carlo verliebt, den italienischen Bären, auf dessen Knie ihre Hand ruhte. Ellen war zwei Jahre jünger und lebte schon seit siebzehn Jahren völlig monogam mit ihrem Mann Frank Jonker, Erster Botschaftssekretär. Der nächste Posten (sie träumte von Washington, aber es würde wohl Ottawa werden) würde ihm so gut wie sicher die Ernennung zum Botschafter bringen.

Ellen war eine modisch gekleidete Frau, die auf Menschen, welche sie nicht kannten (wie etwa den gutaussehenden Ober), kühl, distanziert und dadurch desto begehrenswerter wirkte. Die Jahre im diplomatischen Dienst hatten sie darin geschult, sich geschliffen auszudrücken und zu bewegen. Sie wusste genau, wie sie ein Diner für den britischen Botschafter zu organisieren hatte oder was sie am besten zum Empfang eines Ministers anzog. Sie kannte die Kodes. Sie hatte ein paar Jahre Niederländisch studiert, was ihr die Liebe zur Literatur nicht hatte vergällen können, sie las viel, ging regelmäßig in Museen und Galerien. Ansonsten lebte sie ganz für ihren Mann und ihren Sohn. Sie wollte eine gute, ebenbürtige Ehefrau für Frank sein, und von ihm erwartete sie das gleiche Bestreben. Er war vier Jahre älter als sie, was noch etwas ausgemacht hatte, als sie sich in jungen Jahren kennenlernten, doch dann hatte sie rasch entdeckt, dass sein väterliches, ausgeglichenes Verhalten der Deckel auf einem Topf voller Zweifel und Unsicherheiten war. Aus dem Topf hatte sie selbst auch zur Genüge gekostet, bis sie sich den Magen damit verdorben hatte. Jetzt wollte sie lieber so einen treuen, ruhigen Mann, und dafür war sie bereit, die mögliche Langeweile in Kauf zu nehmen. Der Deckel musste auf dem Topf bleiben.

Natürlich hatten sie im Laufe der Jahre einiges an Krisen durchgemacht. Es war fraglich, ob ihre Ehe denen auch dann standgehalten hätte, wenn sie ein normales Leben in, sagen wir mal, Delft oder Zeist geführt hätten. Aber sie lebten überall nur »vorübergehend«, und das hatte ihre Ehe, wie es schien, gefestigt. Wenn sie sich irgendwo niederließen, rechneten sie schon mit dem Tag, da sie wieder wegziehen würden. Und da alle ihre Posten in unter- oder weniger entwickelten Ländern gelegen hatten, war jeder neue Tag eine Herausforderung an ihr Improvisationstalent und ihre Flexibilität und ihren Sinn für Verhältnismäßigkeit gewesen. Wenn an einem glutheißen Abend in einer ausgedörrten afrikanischen Wüstenstadt die Stromversorgung ausfällt und der Notgenerator nach fünf Minuten Stottern ebenfalls schweigt und es dann auch der kleine Generator für allergrößte Notfälle nicht tun will, dann kommt einem Menschen allmählich zum Bewusstsein, dass es nur wenige Dinge im Leben gibt, auf die man sich wirklich verlassen kann. Sie erkannten, dass auch ihr Alltag aus nichts anderem bestand als dem Hecheln von einem Ereignis zum nächsten, doch sie hüteten sich, diesem Tatbestand des Lebens und Arbeitens für das Außenministerium ihre Ehe zu opfern. Sie machten nicht mit bei den heimlichen Rendezvous und Bettgeschichten in den ›Hiltons‹ oder ›Meridiens‹. Im Gegensatz zu dem, was in vielen anderen Diplomatenehen ablief (eine Aneinanderreihung von Trapezakten aus Liebe und Verzweiflung), schafften sie es, das Ganze auf dem Boden einwandfrei in der Balance zu halten.

Ellen hatte natürlich auch ihre ungeäußerten, heftigen Verliebtheiten, die ihre Phantasie tagelang beschäftigten und die sie sich als imaginäre Trapeznummern ausmalte: der Salto des Ehebruchs, der labile Schwebezustand mit dem fremden Liebhaber, die Erleichterung nach Erreichen des sicheren Artistenstands und gleich darauf wieder das Verlangen nach einem neuerlichen Flug über den Abgrund – doch ihre Ehe setzte sie dafür nicht aufs Spiel. Manchmal fühlte sie sich schuldig wegen dieser stürmischen Tagträume und nahm sich vor, diese Region ihrer Phantasie zu fluten. Doch viel zu gern spazierte sie in dieser ganz eigenen, wild duftenden Landschaft umher, wo sie alles geschehen lassen konnte, was in der Realität nicht erlaubt war.

Ob Frank das auch hatte? Sie wusste es nicht. Ein Thema wie sexuelle Phantasien war in ihrem Eheprotokoll nicht aufgeführt. Kleine Verliebtheiten, geile Anwandlungen, Zweideutigkeiten – über so etwas sprachen sie so gut wie nie. Sie hatten vom Moment des Kennenlernens an zwei aufeinander abgestimmte Rollen gespielt, und manche Stücke passten nicht in ihr Theater. Frank spielte den ruhigen, ironisierenden Mann, und Ellen mochte diese Version von Frank. Er war verlässlich, gescheit, witzig, lieb und meist auch ein hingebungsvoller Liebhaber, wenn sie einander in letzter Zeit auch kaum noch berührt hatten. Sie fragte sich gelegentlich, ob er wohl auch Phantasien hatte und scharf auf eine andere war. Natürlich, dachte sie dann, das muss bei ihm doch genauso sein. Nur wenn sie der Mut der Verzweiflung packte, brachte sie so etwas auch zur Sprache, und immer wimmelte er derartige Bemerkungen mit einem Witzchen ab und berief sich damit, ohne es beim Namen zu nennen, auf den Status quo. Sie mochte den verlässlichen, beständigen Frank, den er herauskehrte. Aber sie empfand auch eine bange Neugier hinsichtlich des Frank, den sie nicht kannte. Frank, der heimlich masturbierte. Nein, es war unmöglich, auf eine andere Art mit Frank zu leben, als sie es die vergangenen siebzehn Jahre lang getan hatte. Frank schien mit seiner Rolle glücklich zu sein, nein, sie war sich sicher, er *war* es – und sie selbst auch.

Trotzdem streifte sie in letzter Zeit immer häufiger durch diese spezielle Region ihrer Phantasie. Zum Beispiel merkte sie, dass der junge Ober, der an ihrem Tisch bediente, ihr jedes Mal einen Blick zuwarf, und sie hatte auf seinen Hintern in der engen schwarzen Hose geschaut und auf den Hosenschlitz mit der Knopfleiste. Sie stellte sich vor, wie er sich mit seinem behaarten Körper auf sie legen und die Lippen auf ihren Mund drücken würde. Er hatte romantische Augen, mit denen er sie im Stil eines Latin Lover umgarnte. Heftig flammte die Begierde nach ihm auf, als sie einander kurz in die Augen schauten. Doch sofort wandte sie den Blick ab und dachte: absurd, ein Kellner mit schönen Augen und dichten Locken, der vermutlich im ganzen Leben noch kein Buch gelesen hat und sehr versiert darin ist, Touristinnen mit goldenen Armbändern und schweren Klunkern an den Ohren zu becircen. Wie viele amerikanische Sightseeing-Witwen hat er wohl schon gebumst?

Ellen und Lucie hatten einen Einkaufsbummel rund um die Piazza di Spagna gemacht und viel anprobiert, aber wenig gekauft. Im Anschluss daran sollte Ellen nun den Mann kennenlernen, in den Lucie total verknallt war und den sie kichernd »mein Verlobter« nannte. Carlo hatte sie in dem Restaurant in der Via del Corso erwartet. Er hatte die Statur eines Schwergewichtsboxers mit muskulösen Schultern und Stiernacken, ein gutmütiges Gesicht mit lieben Augen, Hände wie Tabletts, Schenkel von einem Meter Umfang und das Denkvermögen eines Wellensittichs. Er sah aus wie ein gutgenährter, durchtrainierter Zuchthengst. Lucie hatte erzählt, dass Erotik für Carlo so was Ähnliches wie Gymnastik sei. Mit der gleichen unverdrossenen Disziplin, mit der er morgens in der Schule Turnunterricht gab, wobei er sich selbst nicht schonte und alle Übungen mitmachte, arbeitete er sich auch nachts in Schweiß, bis Lucie gleichsam den Schalter ausmachte und ihm zuflüsterte, dass es nun gut sei. Lucie war verrückt nach Carlo, und er nach ihr. Ein liebes, schlichtes Gemüt mit muskulösem Körper und einem Herzen aus buntem Glas. In ihm hatte Lucie einen hingebungsvollen Mann und ein gehorsames Kind in einer Person. Ellen fragte sich, ob diese Beziehung wohl lange halten würde. Sie wusste, dass Lucie unter dem Älterwerden litt. Als sie vierzig geworden war, war sie tagelang depressiv gewesen und hatte sich zum Trost allabendlich irgendeinen jungen Knaben mit nach Hause genommen. Ellen hatte den Eindruck, dass sich die Sehnsucht nach Jugendlichkeit nun an diesem jungen Zuchthengst festgemacht hatte. Aber es war auch schiere Geilheit, was Lucie antrieb. Innere Unruhe, Angst vor den Wechseljahren, Frühlingsgefühle.

Lucie und Carlo warfen sich Koseworte zu, spielten wie zwei verliebte Schulkinder mit ihren Händen. Die von Lucie passten beide zusammen in eine Handfläche Carlos. Waren sie die perfekte Ergänzung füreinander? Das war nicht die Art von Gleichgewicht, wie Ellen und Frank es unterhielten. Wenn Ellen wollte, dass der Deckel auf dem Topf blieb, und das wollte sie von ganzem Herzen, bloß nichts rauslassen, in die hintersten Winkel ihres Gedächtnisses damit, dann brauchte sie einen Frank aus rostfreiem Stahl, der sie so mühelos und verlässlich wie ein Mercedes durch die Welt fuhr.

Und das gab er ihr. Stets derselbe, konstante, unerschütterliche Mann, der selten überraschende Initiativen entwickelte – aber warum sollte man das auch, wenn man alle paar Stunden von spannenden, manchmal sogar sensationellen Ereignissen überrascht wurde? Das war zumindest in den Tropen so gewesen. Drei Jahre waren sie nun in Rom. Nach so unmöglichen Wohnorten wie Khartum und Lagos war Rom anfangs wahrhaft befreiend gewesen. Dennoch hatte nach einigen Monaten die Langeweile zugeschlagen. In Rom keine Stromausfälle, keine Sandstürme, kein Benzinmangel, keine Partys von Holländern, die sich in der Fremde aneinanderklammerten, kein Getuschel über Diktatoren mit umfangreichen Harems, keine Epidemien, keine Anekdoten über Wüstenstaaten, die von den Russen geschenkt bekommene Schneeräumfahrzeuge durch den Sand fahren ließen, keine Ausflüge zu Oasen, bei denen man eine Panne mit dem Jeep hatte und von Tuaregs gerettet wurde, keine Grenzkriege, keine Staatsstreiche, kein Gefühl tiefen Verbundenseins mit dieser unvorstellbaren, aberwitzigen Welt.

Aufgrund der Gefahren und Unsicherheiten waren sie an ihren früheren Wohnorten Rücken an Rücken zusammengeschmiedet worden. Dort hatten sie eine feste Einheit mit absolutem Vertrauen in die Loyalität des anderen gebildet. Das galt zwar auch jetzt noch, doch erforderte es immer größere Mühe und immer häufigere Tagträumereien. Frank hatte an diesem Mittag einen Empfang und abends ein Arbeitsessen, Ellen brauchte bei beiden Anlässen nicht in Erscheinung zu treten, und sie wusste, dass er beizeiten zu Hause sein und keine Frau angerührt haben würde. Auch er lebte wie selbstverständlich mit dem Vertrauen in sie, doch sie betrog ihn: Sie hatte Phantasien über bekannte und unbekannte Männer und leidenschaftlichen Sex in schmuddligen kleinen Pensionen.

Lucie und Carlo alberten herum und versuchten, Ellen in ihre Ausgelassenheit einzubeziehen. Ellen schmunzelte über das verliebte Gekicher. Ununterbrochen neckten sie sich mit allen möglichen Scheinbewegungen, Scheinattacken, Scheinintimitäten, Scheinliebeserklärungen – um einander auf die Probe zu stellen, zu testen, inwieweit sie einander trauen konnten? Ellen schaute kurz zu dem Ober hinüber, der ein Stück weiter weg bei einem dicken Italiener mit aristokratischem, aber wenig vertrauenerweckendem Gesicht abrechnete. Die Sinnlichkeit des jungen Mannes übertrug sich durch seine Kellnerkleidung hindurch, sie glaubte, die Muskeln seines Rückens und seines Hinterns spüren zu können. Manchmal war sie insgeheim scharf auf den Ehemann einer Freundin oder auf einen Kollegen von Frank. Männer, mit denen sie sich unterhielt und an einem Tisch saß und die sie kannte, die aber auf Distanz blieben, in solche Männer verliebte sie sich, ohne den Mut zu haben, es ihnen zu sagen oder gar mit ihnen zu schlafen. Der Ober weckte in ihr die Lust auf ein Abenteuer, keine Verliebtheit, und als er sich von dem dicken *barone* wegdrehte und ihren Blick auffing, las sie in seinen Augen die gleiche Geilheit, die sie selbst verspürte. Sie sahen sich ein wenig länger an als bei einem flüchtigen Blickwechsel zwischen Fremden üblich. Als sie den Blick abwandte, empfand sie außer Geilheit auch Angst, dass sie der Aufforderung in den Augen dieses jungen Mannes folgen könnte: Komm mit! Zieh dich aus! Küss mich! Sag mir, wie du's möchtest! Ja, schrei ruhig! Lass dich gehen!

Sie erhob sich und sagte, sie gehe jetzt nach Hause. Aus Höflichkeit drängten Lucie und Carlo sie, noch ein wenig zu bleiben, aber es war nicht schwer zu erkennen, dass sie sie nicht vermissen würden. Sie sah, dass der Ober sich näherte, griff sofort zu der Plastiktragetasche mit der Bluse, die sie bei Benetton gekauft hatte, und verließ hastig das Lokal. Auf Lucie mochte sie damit zwar hysterisch wirken, doch sie musste sich unbedingt von diesem jungen Lockenkopf mit den glutvollen Augen fernhalten. Mein Gott, sie hatte das Gefühl, dass er in ihr tiefstes Inneres blickte! Als könne er genau lesen, was sie dachte und sich ausmalte und träumte, wonach sie sich sehnte und wonach sie gelüstete und wovor sie sich fürchtete! Was wollte sie von ihm? Und was wollte sie von sich selbst?

In Rom machten die Geschäfte am Samstagnachmittag zu, die aufgeregte Geschäftigkeit vom Vormittag hatte sich verflüchtigt. Ellen lief in Richtung Piazza del Popolo, schaute einmal kurz über ihre Schulter zurück, ob der junge Mann ihr nachkam, was natürlich nicht der Fall war, und dachte plötzlich daran, dass sie gar nicht bezahlt hatte. Carlo, als stolzer Italiener mit allen dazugehörigen männlichen Attributen, hätte ihr das vermutlich ohnehin nicht gestattet, doch sie hätte es zumindest anbieten müssen. Sie wollte ein Stück zu Fuß gehen und sich dann an der Piazza del Popolo ein Taxi nehmen. Ihr eigener Wagen, ein Fiat Mirafiori, war gerade zur Inspektion, und auch Frank hatte sich heute morgen ein Taxi genommen. Sie ging weiter, hielt hin und wieder die Luft an, wenn ein Stadtbus im Vorüberfahren Wolken von Auspuffgasen um sich spie, und sagte sich, dass sie Frank liebe und ihn niemals verraten würde – denn es wäre doch so was wie Verrat, oder? Sie wollte ihm nicht wehtun, das war das Letzte, was geschehen durfte. Denn er hatte sie immer beschützt, er hatte sie auf Händen getragen.

Vor siebzehn Jahren hatte er sich ihrer angenommen. Das klang so sentimental, wie sie es empfand. Sie hatte damals einen Beschützer gesucht, einen Mann, an dessen Schulter sie sich anlehnen und bei dem sie vergessen konnte.

In einer Haager Kneipe hatte sie Frank drei Wochen nach ihrer ersten Begegnung erzählt, dass sie ein Kind habe. Frank hatte ihr still zugehört und ihr die Hände geküsst, als sie in Tränen ausgebrochen war. Sie hatte um den Tod eines anderen Mannes geweint, und trotzdem hatte Frank sie getröstet. Ihr Sohn Maurits war damals gut ein Jahr alt gewesen, ein dralles Kerlchen mit wachem Blick und einnehmendem Lachen, mit dem es jedes Lebewesen begrüßte.

Auf diesen Sohn werden wir später noch ausführlich zurückkommen, denn der Schriftsteller Leo Kaplan war sein Vater. Mit ihm hatte Ellen zwischen ihrem achtzehnten und zwanzigsten Lebensjahr eine leidenschaftliche Beziehung gehabt. Ihre Liebe hatte unschön geendet. Ellens Sohn wusste nicht, dass sein wirklicher Vater Leo Kaplan hieß; ebenso wenig wusste Leo Kaplan, dass er einen Sohn hatte. Nur Ellen wusste das. Und sie hatte beschlossen, es für sich zu behalten und mit einer tief verborgenen Lüge (die wir später eine »versteinerte Lüge« nennen werden) zu leben.

Der Vater ihres Sohnes, Johan Rooks, sei passionierter Bergsteiger gewesen, hatte sie in einer Ecke der Haager Kneipe mit gefasster Stimme erzählt, und dass Johan ein Student gewesen sei, mit dem sie zusammen gewohnt habe.

Das entsprach nicht der Wahrheit, sie *wollte* nur, dass es wahr wäre, denn über Leo Kaplan konnte sie nicht reden. Wahrheitsgemäß war jedoch ihre Geschichte von Johans Tod.

Sie erzählte Frank vom Herbst '66, als sie mit Johan und seinen Bergsteigerfreunden im Haus von Bekannten seiner Eltern in Bergen in Norwegen gewesen war. Beim Aufstieg an einer Steilwand am Finfjord war Johan abgestürzt. Sie hatte gesehen, wie es passierte, das Püppchen in der Ferne, das sich plötzlich von der Wand löste und wegzufliegen schien, aber es prallte auf den massiven Felsen auf, machte einen halben Überschlag und purzelte immer weiter und weiter hinunter, wobei sich seine Gliedmaßen während des endlosen Sturzes bogen und verdrehten, als wären sie in alle Richtungen hin beweglich. Ellen war nicht nachschauen gegangen, es war nichts mehr von Johan übrig gewesen, da hatte es nichts zu sehen gegeben. Wie immer, wenn sie die Geschichte von Johans Tod erzählte, hatte sie leise zu weinen angefangen (sie weinte um Johans Tod, aber auch um den Verlust von Leo), und Frank hatte ihr später erzählt, er habe in jenem Moment gewusst, dass er dieses Mädchen heiraten wollte. Diese Ausdruckslosigkeit in ihrem Gesicht, während ihre Augen in Tränen schwammen, die ihr an den Nasenflügeln entlang langsam zum Mund hinabkullerten! Ein kleines Zittern ihrer Lippen, ein plötzlicher Ruck mit dem Kopf, um seinem gerührten Blick auszuweichen. Mit gequältem Lächeln hatte sie zum Tresen geschaut, wo ein angetrunkener Haager ein Lied anstimmte. Sie hatte sich zu diesem Lächeln gezwungen und fortwährend mit den Augen blinzeln müssen, um die Tränen zu unterdrücken, während sie dem Schmachtfetzen lauschte. Da hatte Frank einfach ihre Hände an seine Lippen drücken müssen.

Er hatte sich bis über beide Ohren in sie verliebt. Und in Maurits. Acht Monate später hatten sie geheiratet und waren nach Rabat, auf ihren ersten afrikanischen Posten, gezogen. Kurz vor ihrer Abreise hatte Frank in einem An- und Verkauf eine 78er-Langspielplatte mit einer hervorragenden

Version jenes Schmachtfetzens, in der Interpretation eines gewissen Rocco Nelson, gekauft. Mit größter Behutsamkeit legten sie die zerbrechliche Platte alle drei bis vier Jahre mal auf, wenn sie bei einem Umzug wieder auf sie stießen. Eigens deswegen hatten sie noch ihren alten Plattenspieler aufbewahrt, denn auf dem ihres neuen Hi-Fi-Turms konnte man keine Platten mit 78 Umdrehungen mehr abspielen.

Wenn Ellen nicht vierzig Minuten lang dem verliebten Pärchen gegenübergesessen hätte (aber das hatte sie) und der schöne *ragazzo* sie nicht mit seinen betörenden Augen angeschaut hätte (aber er hatte geschaut) und Frank bei ihr gewesen wäre (aber das war er nicht), dann hätte sie sich, als sie diese Schuhe sah, vermutlich gar nichts Besonderes dabei gedacht.

Welche Schuhe?

Die an den Füßen der Frau in dem hellblauen Kleid, die direkt vor Ellen aus einer Seitenstraße kam und ebenfalls in Richtung Piazza del Popolo ging.

Kannte Ellen die Frau?

Ja, sie hatte sie oft im Botschaftsgebäude gesehen. Die Frau hatte glänzendes, langes, dunkles Haar, war relativ klein und hatte einen kurvenreichen Körper. Sie hieß Maria, kam aus Süditalien und arbeitete in der niederländischen Botschaft im Kaffee-Ausschank.

Wie sahen die Schuhe aus?

Sie waren spitz, hatten hohe Absätze (höher, als Ellen es für akzeptabel hielt), waren knallrot und hatten über dem Spann drei schmale weiße Riemchen. Auffällige, ordinäre Stöckelschuhe, auf die Frank sie hingewiesen hatte, als sie vor zwei Wochen, an einem Samstagmorgen, Schuhe für

Ellen kaufen gegangen waren. Ellen hatte gesagt, dass sie hässlich seien, Frank hatte das anders gesehen.

Wie denn?

Hatte er Marias Füße darin gesehen? Die Stöckelschuhe hatten im Schaufenster eines sündhaft teuren Ladens in der Via Barberini gestanden, und Ellen konnte sich nicht vorstellen, dass diese Maria sich bei ihrem Gehalt solche Schuhe leisten konnte. Irgendwer musste sie ihr geschenkt haben. Mit ihren kurzen, energischen Schrittchen trippelte Maria dem Platz entgegen, und Ellen folgte ihr in einem gewissen Abstand.

Wieso dachte Ellen, was sie dachte?

Wahrscheinlich wollte sie, dass Frank sie betrog, damit sie die Freiheit hatte, die Ehe mit einem Betrug ihrerseits wieder ins Gleichgewicht zu bringen. Ein Analytiker würde sagen: Sie projizierte ihre eigenen Phantasien auf ihren Mann und wollte sich auf diese Weise von den Schuldgefühlen befreien, die ihre Phantasien bei ihr hervorgerufen hatten.

Haha!

Ja, lachen Sie nur. Es bleibt aber dabei, dass Ellen dieser Frau mit Angst- und Eifersuchtsgefühlen und, jetzt kommt's, mit einer gewissen Erleichterung nachging. Es schien, als habe Frank ihrer Loyalität nun selbst ein Limit gesetzt. Sie brauchte ihm seine Zuwendung und Liebe nicht mehr bis zu ihrem oder seinem Tod zu entgelten. Er genehmigte sich eine Affäre, und damit genehmigte er ihr eine Affäre. Er gewährte ihr den Freiraum, nach dem sie verlangte.

Und was dann?

Maria erreichte den schönen Platz und lief zur Terrasse des Ristorante Dal Bolognese. Dort saß Ellen immer gern.

Die Piazza del Popolo ist ein weiter, runder Platz mit einem ägyptischen Obelisken als Mittelpunkt. Trotz seiner zentralen Lage wird der Platz nicht von Verkehrsadern gekreuzt. Sein eines Ende dient als Parkplatz, und die Ostseite, auf die man blickt, wenn man draußen vor dem ›Dal Bolognese‹ sitzt, zieht sich über einen Brunnen und Terrassen als geschlossene Anlage zu dem auf dem Pincio gelegenen Park hinauf. Der gesamte Platz ist von Bäumen eingerahmt. Die Atmosphäre dort war immer entspannt und beinahe ländlich, Ellen saß regelmäßig mit Frank auf der Restaurantterrasse. Und erneut dachte sie: Das ist zu teuer für Maria, fünftausend für eine Tasse Kaffee muss für sie aberwitzig sein.

Was bestellte sich Maria?

Nichts. Denn sie setzte sich nicht ins ›Dal Bolognese‹. Ellen folgte ihr bis dorthin und erwartete, dass Maria sich setzen würde. Rasch suchte sie nach Franks Gesicht, aber er war nicht da. Doch Maria ging an der Terrasse vorbei auf eine Tür neben dem Restauranteingang zu. Sie stieß sie auf und verschwand in einem dunklen Flur.

Ach, sie wohnte dort!

Nein, nein. Neben der Tür hing ein Schild, auf das Ellen nun verdutzt blickte. Sie wusste natürlich, dass die Schuhe und das Schild nichts zu bedeuten brauchten, aber die eine Vermutung passte zur anderen. Frank hatte gesagt, dass er nachmittags und abends Verpflichtungen habe, er stand auf die Stöckelschuhe, saß gern auf dieser Eckterrasse und wusste, dass sich über dem Restaurant eine Pension befand, denn er hatte mal eine Bemerkung darüber gemacht, als er zu viel Grappa getrunken und das Schild gesehen hatte:

»Eine prima Pension für einen Quicky mit Blick auf einen echten Obelisken.« Komischerweise wurde Ellen jetzt unruhig und verspürte wachsende Angst, dass Frank sie mit dieser Kaffeemamsell betrog.

Es war ein sonniger, warmer Tag, doch ihr wurde plötzlich kalt, und ein Frösteln überlief sie. Sie löste sich aus dem Schatten des Restaurants und stellte sich vor der Kirche der Heiligen Maria in die Sonne. Santa Maria del Popolo. Maria stieg dort oben aus ihrem hellblauen Kleid und ließ sich auf ihren roten Stöckelschuhen von einem Sünder nehmen. Ellen sah es vor sich, wie Frank die Heilige Jungfrau gegen die schmutzige Wand presste und die Hände um ihre runden Pobacken schloss, um sie in die richtige Höhe zu bekommen; die Stöckelschuhe stemmten sich an zwei Stühlen ab, Maria hing wie eine Akrobatin dazwischen, hielt kurz die Luft an, als Frank Jonker in sie eindrang, klemmte die Schenkel um seine Hüften und schlug Arme und Beine um ihn; jetzt hing sie an ihm, die Bleistiftabsätze bohrten sich in seinen Hintern. Ave Maria.

Ellen Jonker-de Waal drehte sich um und rannte quer über den Platz. Das Herz schlug ihr bis zum Hals, während sie den Serpentinenweg hinaufeilte, der zu dem Aussichtspunkt oberhalb des Platzes führte. Dort, am Rande des Parks, waren Fernrohre aufgestellt, mit denen Touristen zur Kuppel der Peterskirche oder zu den gigantischen Museumsbauten des Vatikan hinüberspähen konnten – oder auch zur Heiligen Maria, die in einem Zimmer der Pensione Del Popolo in Sachen Befleckte Empfängnis tätig war. Zu diesen Fernrohren rannte Ellen, vorbei an verfetteten Amerikanern und quirligen Japanern.

Giuseppe Valadier (1762–1839) hatte Platz und Terrassen und auch den Park auf dem Pincio angelegt, um ein wenig mehr Ruhe ins Stadtbild zu bringen. Von der Aussicht versprach er sich eine wohltuende Wirkung. Bei Ellen schlug dieses Konzept fehl. Mochte sie selbst auch Phantasien von geilen Begegnungen mit bekannten und unbekannten Männern hegen, der Gedanke, dass Frank eine Kaffeemamsell aus Kalabrien bumste (und, verdammt, sie war noch nicht mal hübsch! Bei einer gedrungenen Süditalienerin mit Hängebusen und Schwabbelarsch fand er also in letzter Zeit seine Befriedigung, deshalb rührte er seine Frau nicht mehr an!), war ihr unerträglich.

Aber was ist denn nun eigentlich der Unterschied zwischen Phantasie und Wirklichkeit?

Na, dazwischen liegen doch Welten! Oder spielt es etwa keine Rolle, ob dir jemand im Geiste den Schädel einschlägt oder ob er es tatsächlich tut?

Äh …

Na, also. Ellen erging sich in Phantasien und erlegte sich zugleich gewisse Beschränkungen auf, weil sie ihren Mann nicht betrügen wollte. Aber wenn ihr Mann sie nun tatsächlich betrog? Und das ohne die Skrupel, mit denen sie sich herumschlug? Eine widerliche Angst befiel sie jetzt. Keuchend erreichte sie den Aussichtspunkt, wo entlang einer breiten Balustrade eine ganze Batterie gusseiserner Fernrohre stand, welche den Einwurf einer Hundert-Lire-Münze mit lautem Klicken und der Freigabe des Okulars beantworteten. Eine Gruppe deutscher Touristen hatte die Fernrohre mit Beschlag belegt, und Ellen musste warten. »Sprechen Sie Deutsch?«, wurde sie gefragt. Sie nickte.

»Könnten Sie mir sagen, wo die Piazza Venezia ist?« Ellen zeigte in die entsprechende Richtung. Sie lehnte sich erschöpft an das Geländer, blickte unter halbgeschlossenen Lidern hervor über die Dächer Roms und sah in der Ferne die Peterskirche und unten den schönen Platz mit dem Obelisken, den Bäumen, der Reihe gelber Taxis und der vollbesetzten Terrasse des ›Dal Bolognese‹. Eines der Fernrohre wurde frei. Nervös suchte sie nach einer Münze, schob diese in den Schlitz und hörte das Klicken.

Mit einem Mal sah sie einen Teil eines Daches, sie wusste nicht, von welchem Haus, und sie bewegte das Fernrohr nach links. Verwirrend rasch flitzten Fenster und Häuserwände und Dachziegel vorüber. Sie schaute mit bloßem Auge am Fernrohr entlang und suchte einen Orientierungspunkt. Die Terrasse natürlich. Sie ließ das Rohr hinabtauchen und suchte die Terrasse. Da war sie. Hochnäsige Römer, die schwitzenden Amerikaner, an denen sie unterwegs vorübergekommen war, Liebespärchen. Und jetzt ganz langsam aufwärts. Sie wanderte über die ockergelbe Hauswand oberhalb des Restaurants und suchte ein Fenster. Ihre Hände zitterten, und das Ganze ging zu schnell, sie schoss übers Ziel hinaus in eine Baumkrone hinein. Ganz ruhig!, flüsterte sie sich ein, doch ihr schwindelte der Kopf, und sie wankte auf den Beinen. Ich schnappe über, dachte sie, ich lass mich von einem Paar ordinärer Stöckelschuhe verrückt machen, ich mach mich selbst verrückt, warum tu ich mir das an?

Sie sah Maria. Einer der beiden hellblauen Läden vor dem Fenster stand offen und bot Aussicht auf sie. Sie stand in einer Ecke des Zimmers, zwischen einem leeren Tisch, einem einfachen Holzstuhl und dem Fußende eines Eisenbetts. Nackt, eine Hand in der Seite, in der anderen eine Zigarette, die Waden über den roten Bleistiftabsätzen angespannt, lächelte Maria jemandem zu, der im Zimmer war, für Ellen jedoch unsichtbar blieb. Plötzlich wurde es sehr hell in dem Zimmer, Blitzlicht wahrscheinlich, und Maria lachte und änderte die Haltung. Sie stellte ein Bein auf den Stuhl, stützte den Ellenbogen auf ein Knie und das Kinn in die Hand. Blitzlicht. Jetzt hob sie anpreisend eine ihrer Brüste an und lächelte geil. Sie war hübscher, als Ellen gedacht hatte. Ein voller, fester Körper, der sich gewandt um einen Mann schmiegen konnte. Blitzlicht. Aber der Fotograf war nicht zu sehen.

Hatte Frank eine Kamera mit Blitzlicht?

So ein Ding besaß ja die halbe Welt. Ellen war sich zwar sicher, dass Franks Pentax keinen Blitz hatte. Aber sie hatten ein manuelles Blitzgerät.

Klick! Das Okular wurde schwarz, und Ellen richtete sich auf. Sofort wurde ihr Platz von einem feisten deutschen Jungen in zu knappem T-Shirt eingenommen. Ein etwas jüngeres Mädchen begann, an seinem Arm zu ziehen: »Nein! Ich war dran! Mama, ich war dran!« Eine Frau schickte den Jungen weg: »Uli, jetzt kommt erst deine Schwester.«

Blöde Kuh! Mach dich nicht lächerlich! Warum sollte Frank der blitzende Fotograf sein? Welche paranoide Anwandlung hatte sie bloß dazu geführt zu denken, Frank könnte sich mit einer kalabrischen Kaffeeausschenkerin verlustieren? Was hatte sie um Himmels willen dazu bewogen, in heller Panik auf den Pincio hinaufzurennen und durch ein Fernrohr auf eine Angestellte der niederländischen Botschaft zu spähen, die es antörnte, nackt vor einem Amateurfotografen zu posieren? Im Grunde deutete doch nichts darauf hin, dass Frank der Mann war, der von Blitzlicht einen Ständer bekam?

Sie lehnte sich, ihre Handtasche und die Benetton-Tüte an sich gedrückt, bäuchlings gegen die warme Brüstung und blickte hinab. Wie der überdimensionale Zeiger einer Sonnenuhr warf der Obelisk seinen spitzen Schatten auf den Platz. Neben Ellen löste der dicke Uli seine Schwester ab. Schon jetzt wölbte sich sein Bäuchlein bedenklich über dem Gürtel, der ihm die Jeans auf dem Hintern hielt.

Aber da …

Na?

Aber da sah sie unten auf dem Parkstreifen des Platzes den kleinen schwarzen Volvo von der Botschaft. Frank fuhr manchmal damit, wenn Ellen den Fiat brauchte. Oder wenn der Fiat in der Werkstatt war. Sie starrte auf den Volvo, blieb sekundenlang stocksteif da stehen, ehe sie sich regte. Doch sie musste auf Uli warten. Der Junge schien ganz Rom neu kartieren zu wollen. Nach zwei Minuten wurde es Ellen zu viel. Sie schob Uli beiseite und steckte vor dem verblüfften Gesicht des Kindes eine Hundert-Lire-Münze in den Apparat. Ganz nah hatte sie nun das CD-Schild vor Augen. Die Regenjacke, die Frank heute Morgen sicherheitshalber mitgenommen hatte, lag achtlos hingeworfen auf dem Rücksitz.

Eine überwältigende Angst schoss ihr plötzlich in die Augen. Umringt von lauten deutschen Touristen presste sie die Hände ans Gesicht und drängte die Tränen zurück. Uli, die Hände hinter den Gürtel seiner Hose geschoben, beobachtete sie von einer gewissen Entfernung aus mit verwundertem Blick. Sie wollte nicht wissen, wer der Muttergottes die nuttigen Stöckelschuhe geschenkt hatte, wer in dem Zimmer der Pensione Del Popolo zwischen kalabrischen Schenkeln lag, wer mit Blitzlicht die Titten der Kaffeemamsell fotografierte.

Er hieß Dino und war ein erfahrener Aufreißer. Das merkte Ellen seinen Gebärden an und den schwülen Blicken, die er ihr zuwarf. Er schien sich nicht eine Sekunde im Zweifel zu sein, was ihre Rückkehr ins Restaurant ›Alemagna‹ zu bedeuten hatte, und fing sofort an, sie zu bearbeiten.

»Hello, Madam, it is nice to see you back.«

Er sprach Madam auf Französisch aus, hatte aber ansonsten keinen merklichen Akzent. Seine Stimme war volltönend und selbstbewusst. Ellen sah ihn an, seine Augen versprachen Leidenschaft und Romantik, wie in einem Werbespot für einen süßen Aperitif.

»And it's nice to see you again«, erwiderte Ellen mit vor Nervosität zugeschnürter Kehle. Woher nahm sie den Mut? Der Ober zauberte ein überraschtes Lächeln hervor und ließ sie seine kräftigen, weißen Zähne sehen. Angeber, dachte sie.

»When we are both happy to see each other, perhaps we should meet more often«, sagte der Ober, während er Tassen und Gläser vom Tisch auf ein Tablett stellte. Sie sah, dass er auf ihre Beine schaute und die unwiderstehlichen Augen taxierend über ihren Körper wandern ließ.

»What do you think – tonight?«, fragte Ellen, als wäre es

das Natürlichste von der Welt, obwohl ihr das Herz beinahe aus dem Brustkasten sprang.

Nun machte er etwas, was er zu Hause einstudiert hatte. Sie sah ihn schon vor dem Schlafzimmerspiegel die ganze Aktion proben: Er ließ eine zerknüllte Papierserviette fallen, bückte sich danach und fuhr mit dem Arm an ihrem Schienbein entlang, während er die Serviette aufhob. Die Berührung war elektrisierend.

»*My job ends at 7.30*«, sagte er leise und legte sein ganzes sängerisches Potential in diesen kleinen Satz: tief, ein wenig heiser und melodiös. Vermutlich war er ein ausgezeichneter Interpret neapolitanischer *canzoni*. Er richtete sich auf und legte die Serviette aufs Tablett.

»*The ›Plaza‹, you know it?*«, fragte Ellen. Sie war gerade daran vorbeigekommen – es lag ganz in der Nähe, in der Via del Corso – und hatte dort ihr Make-up aufgefrischt.

»*Of course.*«

Natürlich, dachte sie, er hat dort bestimmt schon etliche lüsterne Ausländerinnen, die eine Stadt mit so vielen Sieges- und anderen Säulen ganz verrückt machte, nach Wunsch bedient.

»*Eight thirty in the lounge*«, befahl sie mit eiserner Stimme. Sie lernte es allmählich, das war ihr schon ohne einen Zitterer über die Lippen gekommen. Und wieder sein charmantes Lächeln! Ein überlegener, ironischer Augenaufschlag, die Augenbrauen fragend hochgezogen, die Lippen zu einem selbstbewussten, offenen Lächeln gekräuselt. Dieser Kellner verstand etwas von seinem Fach.

»*What can I bring you, Madam?*«, fragte er nun. Sie musste über die Zweideutigkeit seiner Frage lachen. Er lachte ebenfalls, und sie schauten sich in die Augen. Die Erregung fuhr ihr durch den ganzen Leib.

»*The strongest you have*«, sagte sie. Gleich würde ihr Herz vollends durchgehen. Sein Lächeln machte einem entschlossenen Blick Platz.

»*You have to wait for that*«, versprach er, »*but you can start with a sambuca.*«

Sie hätte am liebsten laut aufgeschrien und ihn besprungen und von Kopf bis Fuß Besitz von ihm ergriffen.

Und dachte sie gar nicht mehr an Frank?

Doch, natürlich. Aber sie hatte begriffen: Genau wie beim Trapezakt ist auch in der Ehe das Gleichgewicht von allergrößter Bedeutung.

Arthur Schnitzler

Das Himmelbett

Junisonne, die langsam verglomm. Wir waren draußen, weit vor der Linie, und in langer Reihe dehnten sich hohe einförmige Häuser in hässlicher, weil gelber Farbe schimmernd. Viele Fenster waren offen, Männer in Hemdsärmeln schauten heraus und verfolgten die klingelnde Tramway mit gedankenlosen Augen. Frauen in nachlässigen schlotternden Blusen blickten ins Blaue. Kinder spielten auf den Straßen, schmutzig und lärmend; und auf den matt grünenden Wiesen, die hier begannen, um sich weiter hinaus in schüchternes Hügelland zu verlieren, sahen wir ärmliche Menschen, die sich nach freier Luft sehnten, ohne es zu wissen; Buben und Mädeln, die auf der Erde kugelten oder hin und her liefen. Soldaten mit blöden fröhlichen Feierabendgesichtern, schlechte Zigarren rauchend; Dirnen, die meist zu zweien oder dreien laut lachend übers Feld schritten, zuweilen einsame Spaziergänger, die herausgewandert kamen, um von der Stimmung dieses seltsamen Grenzgebietes zu kosten, wo die Stadt allmählig aufhört und das dumpfe, bange, angstvolle Atmen der Großstadt in einem müden, tröstlichen Seufzen aushaucht.

So waren auch wir heute da herausgelangt, Hans und ich, wieder einmal jener Sehnsucht nachgebend, die manchmal über uns kam, einer Sehnsucht, etwas aufhören zu sehen, ersterbenden Lauten nachzugehen, erblassenden Farben zu folgen und allmähliche Übergänge zu erlauschen. Etwas von diesem tiefen und melancholischen Reiz empfanden wir hier stets, und schon vor Jahren waren wir da herumflaniert, nicht viel fröhlicher als heute, aber innerlich reicher, zu einer Zeit, da wir die Armut des Daseins mit dem großen Mitleid der Jugend verklärten und uns noch die einzelnen Menschen entgegenragten aus der Menge, die uns heute ein brutales, feindliches Ganzes war.

Die Sonne verglomm. Kühle Schatten schlichen an den Häusern hinauf, langsam, bis sie sich auf den Dächern verloren. Nur weit draußen noch auf den letzten Häusern lag ein rötlicher, schmerzlicher Schimmer.

Und wir standen bei den allerletzten Häusern. Die Straße war jäh abgeschnitten, hier endete die Stadt. Wir wandten uns um und schauten in den Dunstkreis zurück, aus dem die Straßen mühselig herauszuschleichen schienen, und blieben da stehen – wir wollten die geliebte Dämmerung auf uns niederwallen lassen.

»Ist es nicht«, fragte Hans, »als vergäße die Stadt an manchen Orten zu wachsen? Während da und dort ihre Grenzen von Tag zu Tag weiter gegen die Hügel zu rücken, eilig beinahe, scheint sie hier stehenzubleiben. Seit ich hier wohnte, und das sind nun sicher zwanzig Jahre her, nahm ich kaum eine Veränderung wahr, und an das Haus, welches damals das allerletzte war, ja das allerletzte, haben sich nur die paar abscheulichen Zinskasernen angeschlossen, die nichts bedeuten und die ich gar nicht sehen will.«

Er sah auf das kleine, einstöckige, graue Haus zurück, und fast mit Zärtlichkeit blieben seine Augen daran haften.

Nach einer Weile aber veränderten sich seine Züge zu einem Ausdrucke wehmütigen Widerwillens.

»Dass auch das so dumm zu Ende ging«, sagte er dann leise.

Ich wusste, woran er dachte. In diesem Hause hatte er viele Monate mit einem sehr herzigen Mädel verbracht, und wie so viele Liebesgeschichten hatte sich auch diese unvermerkt und ohne starke Erschütterung ausgelebt.

»Warum nur«, fragte ich ihn, »sagst du ›dumm geendet‹? Das Ende kommt uns immer dumm vor, deswegen schon, weil es überhaupt das Ende ist und von dem Frühlingsglanz des Anfangs nur mehr ein schwaches klägliches Leuchten über unsern Gefühlen liegt. Da ist nun das Ende dumm, ob es ein plötzlicher Treubruch, oder ein elender Zank, oder endlich so ein Sich-in-nichts-verlieren ist, wie eben damals deine Geschichte mit Anna. Ich irre mich doch nicht. Ihr wurdet euch mit der Zeit langweilig?«

Er sah mich lächelnd an. »Willst du eine moralische Erzählung hören, ja? Nun, wie das zwischen mir und Anna endete, das war in seinen letzten Gründen sehr moralisch. Es liegt eine Lehre darin, und man könnte die ganze Geschichte sogar Kindern erzählen, wenn sie nicht mit wilder Liebeslust begänne und wenn die ewige Gerechtigkeit sich nicht zur Ausführung einer Weisheits- und Lebenslehre eines unschicklichen Mittels bedient hätte.«

»Ja, kenne ich denn die alte Geschichte nicht?«

»O ja, so im ganzen Großen. Aber siehst du, jetzt, wie dieses letzte Sonnengelb auf den Fenstern spielte, fiel mir plötzlich die letzte Stunde unserer Liebe ein, so deutlich wie noch nie. Denn das war so ein trauriger Sommerabend wie heute, und so wie heute verglommen die Strahlen dort hinter den Hügeln, zitterig verwischt.«

»Nun?«, fragte ich.

Er erzählte halblaut: »Wir hatten uns wirklich lieb, wie du weißt. Nach den ersten Wochen, in denen die Frühlingsstürme vorübersausten, wurde es eine Art Eheleben, von dem wir kaum dachten, dass es je aufhören könnte. In dem kleinen Zimmer, das wir zusammen bewohnten, sah es gemütlich und glücklich aus. Da kam einmal, wie und warum, das weiß ich nicht, da kam so eine merkwürdige Sehnsucht über uns. Alles gefiel uns aber noch recht wohl. Wir hatten gegen die Kleinheit des Zimmers nichts einzuwenden, nichts gegen den etwas wackligen Tisch, nichts gegen die paar schlechten Stühle und nichts gegen die Wanduhr, die nie gehen wollte. Nun, das muss wohl in einer Nacht gewesen sein, wo wir uns so recht wie im Märchen vorkamen, ganz verzaubert und königlich – da wurde uns das einfache Bett zu schlecht. Ich weiß nicht warum. Es war wohl so kläglich, dass wir mit unserer großen feenhaften Liebe, dass sie, die doch eigentlich die Perlenkette um den Hals und die Diamanten und Smaragden im Haar – und ich, der den Purpurmantel des jungen Prinzen tragen sollte –, dass wir zwei unsere süßesten Nächte zwischen roh gewebter weißer Leinwand, hässlichen Decken und auf einer schmalen, krachenden Bettstatt feiern mussten. Da fassten wir den Entschluss, dass wir unsere Umgebung ändern wollten. Ein Leben angestrengter Arbeit sollte beginnen, wir wollten sparen, beide, um uns auch mit allen Symbolen unserer Märchenpracht zu umgeben. So sollte es kommen: Da drüben, von dem Türpfosten herab, mussten schwere samtene

Vorhänge wallen, sonderbare dämmrige Bilder gehörten an die Wände, und grün schimmernde Seide sollte dort vor das Fenster kommen, und über den Tisch ein weicher, roter Überhang, und Blumen in die Ecke und Blumen dort in jene, und von der Decke herunter, schwermütig und süß eine Ampel mit halben verträumten Lichtern. Wir selbst aber inmitten all dieser Herrlichkeit, auf einem Lager, blühend und weich, darüber stille vornehme Seide in dunkel glühenden Falten von schlanken Holzsäulen getragen und dem Zuge einer hellen Schnur willig gehorchend. Da wollten wir drin vergraben sein, und nur mühselig und ferne durch die zitternde Seide sollte das schweigende Ampellicht zu uns hereindringen. Ich weiß nicht, ob sie sich's genau so vorstellte, aber schön sollte es sein, das war gewiss, und da wir jung waren und sehr verliebt, so war das, woran wir meistens dachten, und das, wonach wir uns am heißesten sehnten, unser Himmelbett.

Wir hatten nun wirklich nach einiger Zeit das Geld dazu beisammen – freilich so prächtig, wie wir's uns träumten, konnte es nicht sein, aber wir mussten eins haben, bald, bald, das stand fest. Allnächtlich sprachen wir davon. Wir begannen in einer Übergangzeit zu leben, wir mussten möglichst rasch darüber hinwegkommen. Eine nervöse, weinerliche Ungeduld peinigte uns. Wenn ich mich daran zurückerinnere, so ist es mir, als hätten wir uns kaum noch geliebt; wäre sie nur vorüber, diese Zeit – das war der stete Gedanke. Ah, endlich, endlich – die letzte Nacht! Ich denke daran. Wir weinten. Ich glaube, wir waren keusch wie nie zuvor. Sie schlummerte in meinen Armen ein, und die letzten Tränen glänzten noch auf ihren Wangen. Das sah ich im schwachen Kerzenlicht, das neben uns brannte. Für den nächsten Vormittag erwarteten wir es. Als es in der Früh zum Aufstehen kam, pressten wir uns heftig aneinander. Ich erinnere mich ganz deutlich, dass mir plötzlich mit einem stechenden Schmerz die Worte durch den Kopf fuhren: Nun ist es zu Ende! Ich dachte nichts dabei, es waren nur Worte. Der Morgen trennte uns wie gewöhnlich. Nachmittags trafen wir uns auf der Straße. Ich war vom Hause fern gewesen; sie teilte mir mit: ›Es‹ wäre schon da. Ich wagte nicht, sie zu fragen, wie es aussähe, wie es sich in unserem Zimmer ausnähme. Wir wollten noch spazieren gehen, wir trauten uns nicht hinauf. So traurig, so herzbeklemmend traurig bummelten wir über die Felder. Siehst du da draußen, mir ist jetzt, als könnte ich unsere Gestalten sehen, wie sie vor zwanzig Jahren, langsam, schmerzensvoll über die Fläche schritten. Wir sprachen kaum ein Wort. Der Nachmittag war schwül und ernst. Auch der nahe Abend wollte keine Kühle bringen. Wir gingen nicht Arm in Arm wie sonst. Wir durften nicht. Endlich, da mag es nun eben um die Stunde gewesen sein wie jetzt, nahmen wir die entschiedene Richtung nach Hause, und als wir vor dem Haustor standen, lächelten wir uns an. Aber was war das für ein Lächeln. So stumm, so müde, so verzagt. Und nun die Treppe hinauf und in unser Zimmer. Da stand es an der Wand, dem Fenster gegenüber, und siehst du, diese Strahlen, die du dort auf dem Fenster spielen siehst, die flirrten und zitterten über den Fußboden hin und krochen hinauf und legten sich matt und sterbend über die Seidenfalten des Himmelbettes. Wie erbärmlich, wie herzzerreißend das war.

Wir standen lange davor, wir warteten, bis die Sonne unterging. Und Anna schmiegte sich an mich, und in ihren starren Gesichtszügen sah ich es, wie sie tödlich erschrocken war, dass sie nichts, gar nichts mehr empfand. Und wie ich ihren Kopf in die Hände nahm, da hatten diese meine Hände nicht mehr die Empfindung von einem süßen, geliebten Kopferl, nein, gar nicht mehr, gar nicht mehr.

Wir hätten uns noch eine Weile in allem Glücke fortlieben können. In aller Ruhe, und es wäre ein allmähliches und mildes Sterben gewesen, ohne Aufschrecken, ohne ein wildes Sich-Wehren. Wir hatten diese Wohltat abgelehnt! Wir wollten die entfliehende Seligkeit, die uns lautlos unbemerkt verlassen wollte, wieder zu uns herzwingen. Wie war das dumm! Ich wusste das alles an jenem Sommerabend, und das war ja noch gut für mich. Über Anna war es wie quellende Todesstimmung gekommen, ohne dass sie es recht verstehen konnte.

Es wurde später, die Nacht kam … die Nacht mit ihren Lügen und ihrer Schönheit. Da begruben wir uns, den Prinz und die Prinzessin, in unserm schwellenden Märchenlager und lachten, aber es klang falsch – und jubelten, aber wir weinten.

Der Morgen nun, ach ja, der Morgen. Sie schlief noch, ein leises Lächeln um den Mund … freilich, denn nun träumte sie ja … Und ich ging. Wie schön wäre es gewesen, wie herrlich frei hätte ich mich gefühlt, wenn ich niemals hätte wiederkehren müssen! Hätten wir doch beide den Mut gehabt, damals in jener ersten Nacht in unserm Himmelbett. Aber ich wusste nun, wie es kommen musste. Diese Nacht hatte mir den Vorgeschmack gegeben von jener Lust ohne

Freude, von jener wahnsinnigen und vergeblichen Mühe, glücklich zu sein, von jener anhaltenden Sehnsucht nach dem Besten, was wir erleben können: nach dem gedankenlosen Glück, von jenem tiefsten Gram zu wissen, dass wir lügen, zu wissen, dass wir belogen werden! Ja, das musste kommen, und es kam – Die vielen Sommernächte, da unsere Liebe starb! Und wir sahen und wussten es, aber wir scherzten und keines sagte es dem andern. Und dann quälten wir uns, weil wir uns belügen mussten, und dann misstraute eins dem andern, weil wir uns selbst misstrauten. Und statt mild dahinzuschlafen, wie die Liebe soll, war es ein entsetzliches Todeszucken mit tausend Martern, und mit vergifteten Erinnerungen mussten wir scheiden…«

Nun schwieg er, und die Dämmerung war gekommen. Wir waren, während wir gesprochen hatten, weiter ins Feld hinausspaziert, und ich konnte das Fenster nicht mehr sehen, hinter dem Hans seine moralische Erzählung erlebt hatte. Das lag im Dunkel wie die andern. Und ich dachte, wie oft seitdem hinter jener Scheibe und all den andern das Gleiche erlebt worden sein mochte wie das verborgene Abenteuer meines lieben Hans, und wie selten doch einer zugleich davon gewusst haben mag. Das eigene Erlebnis ist das tiefste Geheimnis. Wir Guten enträtseln es in ehrlichen Qualen und wollen doch nicht eintauschen, was die andern vor diesem großen und heiligen Schmerzen bewahrt: das ewige Missverstehen und die lachende Blindheit.

Vea Kaiser

Das Königreich der Bora
oder
Rovinjsko Ludilo

September, Triest

Solone ist eingenickt. Mein Kopf liegt auf seiner breiten Brust, ich spüre seinen Puls und höre, wie gleichmäßig er atmet. Sein Arm umklammert schwer meinen Rücken, sodass ich nicht aufstehen kann, obwohl ich mir gerne den Strumpfgurt ausziehen würde, den er in der Hitze des Gefechts nicht aufbekommen hat. Fürs völlige Ausziehen fehlte die Zeit. Bereits als wir uns in der Hotellobby gegenüberstanden, machten die Gäste einen großen Bogen um uns, beschämt von der Anziehung, die uns umgeben haben muss wie eine Wolke, ein Nebel, flimmernder Dunst. Im Lift küssten wir uns fest und innig, im Hotelzimmer verloren wir kein Wort. Wir hatten uns eineinhalb Wochen nicht gesehen. Jeden Tag bis zu fünfzig vor Sehnsucht glühende Nachrichten, und jetzt, wo ich neben ihm liege, kann ich wieder atmen. In der Luft liegt sein Geruch – Solone verwendet weder Parfums noch Rasierwasser, und besonders hinter dem Ohr riecht er nach Glück. Nach dem Glück, in jenem Moment bei keinem anderen Menschen an keinem anderen Ort lieber sein zu wollen.

August, Rovinj

»In Rovinj sind doch alle verrückt«, sagt Baka und löst mit ihrer Zunge das Gebiss ein wenig vom Zahnfleisch, ein schmatzendes Geräusch, das tut sie immer, wenn sie etwas dramatisch untermalen will. »Alle verrückt. Und die, die's noch nicht sind, die werden's noch!«

Baka ist wunderbar, sie kocht die besten Ćevapčići des Balkans, bäckt einen Kolać, der auf der Zunge zergeht, doch die große weite Welt ist nicht das Ihre. Als meine beste Freundin Maja und ich ihr auf dem Fernseher den Discovery Channel programmierten, schrie sie nach zehn Minuten hysterisch auf:

»Vanessa, Maja! Schnell!« Wir eilten in ihr Zimmer, sie saß unverletzt auf der Couch und starrte auf den Bildschirm, wo eine Dokumentation über die afrikanische Savanne lief; Elefanten stapften durch das Gras, eine Antilope sprang an einem Gnu vorbei, und auf einem Baum saß ein Geier.

»Wie zur Hölle kommt der Truthahn auf den Baum?«, schrie sie und wollte sich bis zum Abend nicht mehr beruhigen. Auch wenn sie jahrzehntelang in Wien gearbeitet hat und vor fünfzehn Jahren mit Djed nach Rovinj gezogen ist, in diese istrische Küstenstadt, wo jedes Kind vier Sprachen spricht, im Herzen bleibt sie die Schäferin aus einem kleinen, kroatischen Bergdorf. Ich lächle sie an und trinke den süßen, aus Kaffeepulver aufgekochten Mokka.

Djed hat seinen Mittagsschlaf beendet, er kommt gähnend aus dem Haus, trägt nur Unterhemd und tiefsitzende Khakihosen. Er macht einen kleinen Hüpfer, um sich den Hut von der Weinlaube herunterzuholen. Djed ist fast achtzig, doch hüpfen und Raki trinken wird er, bis er umfällt.

»Die Alte hat ausnahmsweise recht«, sagt Djed und rückt die Krempe seines Hutes zurecht. Er hat fast keine Haare und wie Baka auch keine Zähne mehr, doch sein Lächeln ist so friedlich, dass es die Singvögel anlockt. Sie setzen sich auf die Krempe und lassen sich mit zerdrückten Himbeeren füttern. Und wenn sie mit ihren Schnäbeln an das Küchenfenster klopfen, weiß Djed, dass bald der Winter kommt. »Hier in Rovinj sind wirklich alle irre, und wenn du noch länger bleibst, wirst du es auch«, sagt er. »Das liegt an den Winden. Rovinj ist eine Halbinsel im Meer, und von allen Seiten blasen sie; die Bora, meine Liebe, kommt in Senj auf die Welt, herrscht in Rovinj und stirbt in Triest.« Djed klopft mit seinem Stock auf den Boden. »Hier ist sie Königin. Alle müssen ihr untertan sein, sie verwirrt allen die Köpfe. Und das Ergebnis? Alle irre.«

Maja liegt auf dem Felsen, streckt der Sonne ihren Bauch entgegen und reibt mit den Fingern am Gummi der Kopfhörer. Ich habe ihr gesagt, dass der Gummi bald runter und die Kopfhörer unbrauchbar sein werden, wenn sie so weitermacht, doch Maja ist im dritten Monat schwanger, worüber sie sich sehr freut, und muss zu rauchen aufhören, worüber sie sich gar nicht freut. Alles, was sie in die Finger bekommt, wird zerwutzelt.

Baka und Djed sind eigentlich Majas Großeltern. Doch ich bin Majas Trauzeugin, und bei den Kroaten sagt man: *Geschwister kann man sich nicht aussuchen. Trauzeugen schon.* Maja hat keine Geschwister, also hat die Familie mich adoptiert, so kam ich nach Rovinj. Nur vom Verrücktwerden hatte niemand etwas erzählt, als die Familie kollektiv und ohne mich zu fragen beschloss, ich müsse den Sommer hier verbringen. Maja und ich kennen uns seit Schulzeiten. Wir sind beide von unseren Eltern in ein Internat nach Österreich geschickt worden. Und beide mit siebzehn davongelaufen. Maja wurde Model, ich Musikerin. Bis uns unsere Familien verziehen, hatten wir nur einander. Das verbindet uns auf ewig, so unterschiedlich wir sind.

»Baka und Djed haben recht«, sagt Maja, »in Rovinj gibt es nur Gestörte. Schau dir mal Sandro an, der in hautengen Leggings durch die Stadt läuft und Touristen anbietet, aus ihren Handflächen herauszulesen, in welcher Generation sie mit Außerirdischen verwandt sind.« Maja lacht und greift nach der Karottencreme, einem alten Hausmittel, das die Haut besonders braun machen soll. In Rovinj sind ein Drittel aller Strände Nacktbadestrände. Am Anfang fühlte ich mich seltsam, doch seit dem zweiten Tag ist mir schleierhaft, wozu Badeanzüge überhaupt erfunden wurden. Gibt es Schöneres, als nackt zwischen Sonne und Meer zu wandern? Ohne Hüllen, völlig befreit. »Ahja, und hab ich dir mal von Amerika erzählt?«, fragt Maja, bevor sie die Ohrstöpsel einsteckt, um ihr Anti-Raucher-Suggestions-Hörbuch zu hören. »Amerika ist Sandros Vater. Wie er wirklich heißt, weiß ich nicht. Jedenfalls, er wollte sich umbringen und fuhr dafür extra nach San Francisco, um von der Golden Gate Bridge zu springen. Hat er auch gemacht. Hat aber überlebt und ist zurückgekommen. Seither nennen ihn alle Amerika.«

September, Triest

Solone dreht sich auf den Rücken, wacht langsam auf. Ich stütze mich auf meinen Ellbogen, damit ich ihn ansehen kann. So wie ihn haben sich die Griechen ihre Götter vorgestellt; groß, wunderschön definiert, ohne allzu auffällig muskulös zu sein. Blondes, lockiges Haar, strahlend blaue Augen, ebenmäßige Züge, ein fein geschwungener Mund, der immer leicht offen steht.

»Ciao«, flüstert er. »Sollen wir etwas essen gehen?«, fragt er mit Blick auf den Radiowecker neben dem Bett. Es ist kurz nach einundzwanzig Uhr. Ich nicke, doch dann spüre ich seine Hand auf meinem Bauch. Sie umspielt meinen Nabel und wandert langsam tiefer, während er meinen Nacken küsst. »Ich muss dich spüren«, sagt er, beißt zärtlich in meine Ohrläppchen, und ich schließe die Augen, während unsere Körper ineinanderfließen, als hätten die Götter sie genau dafür geformt.

August, Rovinj

Rovinj wurde im Mittelalter auf einem Felsen erbaut, der ins Meer ragt. Eine Theorie besagt, so viele Menschen hier würden verrückt, weil der Felsen, auf dem die Stadt steht, von den Meeresströmungen unterspült sei. Wieder andere meinen, es sei so schön hier, dass niemand wegziehe und daher die Leute zu häufig untereinander heirateten, wodurch der Wahnsinn kultiviert und weitergegeben werde.

Maja und ich liegen tagsüber nackt auf einem Klippenvorsprung am Meer. Sanfte Felsen, von Jahrhunderten an Wellen glattgespült, unterhalb eines kleinen Pinienwäldchens. Bis halb neun Uhr abends liegt dieser Platz in der prallen Sonne. Kein Stadtführer und keine Karte verzeichnet ihn. Man muss das Wäldchen kennen, um hierherzufinden. An unserm Strand gilt die unausgesprochene Regel: keine Kleider erlaubt.

Auf dem Weg dorthin lacht Maja und erzählt vom Telefonat mit ihrem Ehemann, der mit Katze und Hund allein zu Hause ist und sein Strohwitwerdasein auskostet, indem er jeden Abend rohe Zwiebeln und Innereien isst. Seine Leibspeisen, auf die er verzichtet, seit er mit Maja zusammen ist.

Wir steigen wie jeden Tag den kleinen Trampelpfad hinunter, doch heute ist etwas anders.

Er ist anders.

Ich stolpere, bleibe stehen. *Er* liegt auf einer Strandmatte, dreht sich von der einen auf die andere Seite, hält im Wenden inne und sieht mich an. Ich erstarre. Ein Stich, als wären plötzlich all die Hüllen und Panzer, die wir vor anderen Menschen aufziehen, geschmolzen. Ein Blick, als hinge mein Herz vor der Brust und er würde den Finger darauf legen.

»Kommst du?«, ruft Maja, die schon über alle Felsen nach unten gehüpft ist wie eine Bergziege.

Beschämt fixiere ich meine Füße und folge ihr.

Die letzten Wochen war unser Felsen bevölkert von älteren Menschen, Paaren, Freundinnengruppen oder Männern mit seltsamen Tätowierungen oder gruseligen Frisuren. Und bis auf einen kleinen Jungen, der Hoden, aber keinen Penis hatte, haben Maja und ich nie andere Menschen beobachtet. Das ist ja das Gute, wenn alle nackt sind. Weder die eigene noch die Nacktheit anderer stört.

Doch seit *er* hier ist, ist alles anders.

Er liegt auf dem Felsen, der dem Meer am allernächsten ist. Bei hohem Wellengang wird man dort nass, doch heute ist das Wasser friedlich und ruhig, der letzte Tag Ebbe, morgen schon wird es spritzen und schäumen. Er liest einen dicken italienischen Roman, den ich bereits ein paar Mal in der Hand hatte. Doch was es mir verunmöglicht, den Blick von ihm abzuwenden, ist, dass er aussieht wie eine jener griechischen Götterstatuen, von denen wir in der Schule lernten. Geschichte war immer das einzige Fach, das Maja und mich interessierte. Wie der Apollon von Nafplion, denke ich.

Ich reiße mich von dem Anblick weg, starre in mein Buch und kann keine drei Sätze sinnzusammenhängend lesen. Maja redet auf mich ein, aber wie die Bora gehen ihre Sätze bei einem Ohr hinein und beim anderen hinaus. Ich beobachte stattdessen, wie Apollon aufsteht und ins Wasser steigt. Maja wird langweilig, weil ich ihr nicht antworte.

»Ich geh baden«, verkündet sie.

Erst als beide in den Fluten hinter den Felsen abgetaucht sind, beruhigt sich mein Puls. Kleine Tagträume schwappen auf, wie es wäre, mit ihm allein zu sein – da klettert Maja aus dem Wasser und lässt meine Träume platzen, als wären sie Luftballons und Maja das Kind mit der Nadel.

»Diese Italiener sind so ekelhaft«, seufzt sie und schlägt ihre langen braunen Korkenzieherlocken in einen Handtuchturban. »Der Typ da unten«, sie zeigt auf meinen Apollon, » hat mich gerade angeflirtet, obwohl ich schwanger bin!«

Ich will erwidern, dass sie im dritten Monat sei und ihr Bauch höchstens auf zu viele Ćevapčići schließen lasse, woher solle er das also wissen, doch stattdessen nehme ich meine Sonnenbrille ab und laufe ins Wasser. Normalerweise brauche ich eine halbe Stunde, um mich Zentimeter für Zentimeter ins kühle Nass zu wagen. Dieses Mal springe ich einfach hinein. Das Wasser ist eiskalt. Die Nadelstiche jedoch eine Wohltat. Wieso, ihr olympischen Götter, verlieben sich die Traummänner immer in Maja?

September, Triest
Als wir kichernd und mit hochroten Wangen unten in die Lobby des Grandhotels treten, blicken die Geschäftsleute und durchwegs älteren Gäste grinsend in eine andere Richtung.

»Hab ich was im Gesicht?«, fragt Solone.

»Ja. Wir sehen aus, als hätten wir uns stundenlang geliebt.«

Solone will mir nicht glauben, doch als wir die Piazza dell'Unità überquert haben, in eine der verschlungenen Straßen des alten Stadtzentrums biegen und ihm in der kleinen Trattoria der Kellner zuzwinkert, lacht er auf und blickt mich begeistert an.

»Davvero!«

»Sag ich doch. Wir glühen.«

Solone nimmt meine Hand über dem Tisch und drückt sie an seine Lippen.

»Ich bin vollkommen verrückt nach dir.«

August, Rovinj
Wie ich es die ganze Nacht lang befürchtet habe, in der ich schlaflos an den Apollon vom Nacktbadestrand dachte,

liegt er am nächsten Tag wieder da. Als wir kommen, blickt er von seinem Buch auf. Kurz bilde ich mir ein, er suche meinen Blick, hefte seine Augen an meine.

»Na Mädls, wie geht es euch heute?«, ruft er zu uns hinüber.

Bevor ich etwas sagen kann, zischt ihn Maja an: »Geht dich nichts an«, und zieht mich auf einen Felsen, der von dem seinen möglichst weit entfernt ist. Doch Apollon und ich lassen uns nicht aus den Augen. Maja bemerkt das mit einem Kopfschütteln, wir grinsen uns an.

Zwei Stunden lang treffen sich immer wieder unsere Blicke, verstohlenes Lächeln. Als Maja alte Freunde in der Ferne entdeckt und aufspringt, um sie zu begrüßen, steht auch er auf, setzt sich neben mich.

»Ciao, ich bin Solone.«

Und als hätten wir uns bereits vermisst, noch ehe wir voneinander wussten, finden wir ins Gespräch.

Schicksal ist ein großes Wort. Aber wir unterhalten uns in einer Vertrautheit, als würden wir uns seit immer kennen, und nach kurzer Zeit kann ich nicht mehr an einen Zufall glauben. Wir sprechen dieselben fünf Sprachen, lieben dieselben Philosophen und entbrennen in einem zärtlichen Disput, ob *Homeland* oder *House of Cards* besser gemacht ist. Bald ist uns so heiß, dass wir, während des Redens immer näher zueinandergerückt, beschließen, schwimmen zu gehen. Er ist schneller auf den Beinen und reicht mir die Hand. Einen kurzen Moment halten wir inne. Wir stehen uns nackt gegenüber. Wir wissen, dass wir uns umarmen wollen, dass wir eigentlich auch gleich übereinander herfallen könnten, denn es gibt nichts, das uns noch trennt. Keine Kleider, keine Schranken. Mit hochroten Wangen erinnern wir uns daran, dass wir ins Wasser wollten.

Die Wellen sind heftig, zerschellen an den Felsen, er jedoch hält meine Hand fest umschlossen und führt mich über einen kleinen Grat sicher ins Wasser. Erst als wir schwimmen, lassen wir die Hände los. Nicht, weil wir wollen. Sondern weil die Wellen unsere Körper aneinanderdrücken. So befreiend die Nacktheit ist, so erdrückend wird sie, sobald wir uns berühren. Denn einerseits hat man nichts zu verbergen, andererseits auch keine Grenzen mehr. Wir lassen uns vom Gewoge immer weiter hinaus aufs Meer ziehen und unterhalten uns. Als wüsste die See genau, was wir denken, treiben uns die Wellen immer wieder zueinander. Jedes Mal, wenn sich unsere Körper streifen, verstummt das Gespräch. Denn eigentlich muss man nichts sagen, wenn man sich begehrt.

Dabei wissen wir weder, woher der andere kommt, noch was er macht, haben all die Vorstellungsphrasen ausgelassen, die man normalerweise durchdekliniert, wenn man sich kennenlernt. Vielleicht liegt es an der Nacktheit, aber wir halten uns nicht mit Nebensächlichkeiten auf. Sprechen über unsere Träume, wonach wir uns sehnen, wofür unser Herz schlägt. Wir wissen, wer wir wirklich sind, ohne uns zu kennen.

Als die Sonne untergeht und Maja bereits am Eingang des Pinienwäldchens wartet, kommt der Moment des Abschieds. Seine Eltern haben ein Ferienhaus in der Stadt, er jedoch muss am nächsten Tag zurück in den Veneto. Wir sehen uns an; seine Augen, blitzblau aus dem Wasserfarbenkasten. Keiner von uns weiß, was er sagen soll. Kann denn so viel Vertrautheit so schnell vorbei sein?

»Have a good life«, sagt er schließlich und küsst mich auf die Wange, streift mit seinen Lippen die meinen und läuft hastig davon.

»Italiener sind schwierig.« Baka stellt einen großen Topf Miesmuscheln auf den Tisch, die sie mit Petersilie, Knoblauch und Weißwein zubereitet hat.

Maja hat ihr, während ich in der engen Straße einen Parkplatz für das Auto suchte, natürlich jedes Detail erzählt, inklusive wie er nackt aussieht. Meine slowenische Großmutter wäre wahrscheinlich in Ohnmacht gefallen. Aber Baka legt nach: »So, und jetzt sag der Oma: Hast du mit ihm Sex gemacht?«

Ich huste, falle fast vom Sessel, verschlucke mich an einer Muschel, erst als mir Djed auf den Rücken klopft, ebbt der Hustenanfall ab.

»Wann, wo, was?«

»Na im Meer, dass er sich an dich erinnert«, sagt die Siebzigjährige und nimmt der schwangeren Maja ihr Wasserglas aus der Hand: »Maja, wenn du zu Muscheln Wasser trinkst, wird dir schlecht. Hier, trink Wein oder gar nichts.«

Baka. Ich würde gerne mal einen Tag lang die Welt durch ihre Augen sehen.

Er hat sich auch so erinnert. Drei Stunden später, als Maja und ich auf der Terrasse sitzen und über Babynamen nachdenken, piept mein Handy.

Ich bin wieder im Veneto. Es regnet. Ich habe einem kleinen Tropfen von Dir erzählt, doch er hat das Geheimnis

nicht für sich behalten, und nun schreit der gesamte Regen-
guss Deinen Namen. Wir müssen uns wiedersehen.

Und zwei Tage später sehen wir uns wieder. Wir treffen uns
im Hafen von Rovinj, trinken Espresso in einer kleinen Bar.

»Wir haben uns schon einmal bekleidet gesehen«, sagt er,
woraufhin ich verwundert den Kopf schüttle. »Ok, ich hab
dich gesehen, als du aus dem Auto gestiegen bist. Ich
dachte, du hättest mich auch bemerkt, weil du mit diesen
unglaublich großen Augen zu mir sahst.«

Aber ich hatte ihn nicht gesehen, und er war mit dem
Fahrrad weitergefahren. Solone geht normalerweise zu
einem anderen Strand. Er hatte an jenem Tag jedoch seine
Badehose vergessen, und weil er nicht mehr zurück in sein
Haus fahren wollte, hatte er sich für den Nacktstrand ent-
schieden. Und hatte mich gefunden.

»Ich dachte, das wäre Schicksal der Götter«, flüstert er
und nimmt unter dem Tisch meine Hand. »Deshalb bin ich
am nächsten Tag wiedergekommen, obwohl ich nackt baden eigentlich nicht mag.«

»Und ich dachte, du hättest dich in Maja verliebt?«

»Maja? Ich hab sie angesprochen, weil ich mich nicht getraut habe, dich nackt anzureden. Dachte, das wäre eleganter,
mich über deine Freundin anzunähern. Aber Fehlanzeige«,
meint er entsetzt. »Nein. Ich kam zurück zum Nacktbadestrand wegen deines Mundes. Wegen so eines Mundes sind
früher Kriege geführt worden.«

Wir sitzen uns gegenüber, verlieren uns ineinander, er
seufzt und springt auf:

»Komm, lass uns Boot fahren gehen.«

Solone grinst, wir lösen das Tau und steuern das Boot aus dem Rovijner Hafen auf die offene See. Die Sonne scheint warm, es ist später Nachmittag, das Boot fetzt vorbei an der Roten Insel, hinter uns erhebt sich die Altstadt mit dem Turm der heiligen Eufemija. Wir machen Witze über die Hotels auf den kleinen Inseln vor Rovinj – im Sozialismus als Erholungsheime gebaut, wirken sie vom Meer aus wie Züchtigungsheime. Schließlich gehen wir in einer kleinen Bucht vor Anker.

Wir ziehen uns zum Schwimmen aus, doch als wir wieder nackt sind, und dieses Mal allein, ohne dass die Augen anderer Badegäste auf uns gerichtet sind, geben wir nach. Solone zieht mich an sich, wir küssen uns. Das Boot schaukelt, als wir uns auf der gepolsterten Liegefläche endlich so nahe kommen, wir uns fühlen, seit wir das erste Mal nackt über amerikanische TV-Serien redeten.

Als wir Stunden später gemeinsam die Besinnung wiederfinden, will ich mich aufrichten, um meine Sonnenbrille zu suchen, und erschrecke. Zehn Meter vor uns treibt ein Motorboot auf dem Wasser. Zwei Männer sitzen darin, einer hat ein Teleobjektiv auf uns gerichtet.

Ich kreische, Solone schreckt hoch. Wir tasten hektisch nach unseren Kleidern, ziehen uns an, das Motorboot gibt Gas und fährt davon.

»Scheiße«, sage ich.

»Cazzo«, schreit er.

Ich wollte ihm nicht erzählen, dass ich Sängerin bin. Wann immer ich Männer kennenlerne, wissen sie bereits, womit ich mein Geld verdiene, und haben ein vorgefertigtes Bild von mir, das sich nur schwer wieder zerstören lässt. Wer glaubt schon einem Mädchen mit einer Gitarre, dass sie nicht über sich selbst singt? Ich hatte es genossen, dass er nichts über mich wusste, nicht eingeschüchtert davon war, doch nun sitzt der Schock, beim Liebemachen fotografiert worden zu sein, so tief, dass ich ihm alles erzähle. Und plötzlich lacht er. Nicht einfach belustigt, sondern aus ganzem Herzen.

»Ach Vanessa«, sagt er und wischt sich Tränen aus den Augen. »Mir geht es doch genauso. Ich bin Politiker. Mich kennen auch immer alle. Es war so schön, dass ich mit dir einfach reden konnte, ohne befürchten zu müssen, dass du nur deshalb an mir interessiert bist.«

September, Triest
Nach dem Abendessen spazieren wir eine Stunde am Meer entlang. Es ist ein warmer Septemberabend, doch am Ende der Molo Audace, des alten Kais aus Maria-Theresia-Zeiten, das weit hinaus ins Meer ragt, kommt ein kühler Wind auf, der uns daran erinnert, dass der Sommer vorbei ist. Wir halten uns fest. Solone küsst meinen Hinterkopf, ich lege meine Wange an seine Brust. Triest ist nicht Italien. Triest ist nicht Slowenien. Triest ist nicht Österreich. Triest ist nicht Kroatien. Triest ist ein Ort, an dem alles ist. Eine Stadt, die in einer unbestimmten Vergangenheit zu leben scheint, in der alles möglich ist, weil sie sich nicht greifen, nicht eindeutig verorten lässt.

»Ich will nicht, dass du morgen fährst«, flüstert er, ehe wir engumschlungen ins Hotel zurückgehen, wo wir uns bis in die frühen Morgenstunden lieben. Wir wollen keine Sekunde verlieren. Am nächsten Tag muss ich zurück nach Ljubljana, er zurück in den Veneto. Ich werde mein neues

Album veröffentlichen, wieder auf Tournee durch Slowenien, Österreich, Süddeutschland und die Schweiz gehen, er muss sich um neue Gesetze im Gesundheitswesen kümmern. Der Sommer wird vorbei sein.

August, Rovinj

Solone und ich sehen uns, so oft wir können. Manchmal angezogen, aber so oft als möglich nackt.

»Wie soll das eigentlich weitergehen?«, fragt Maja am zweitletzten Abend vor meiner Abreise, als ich beim Essen nur körperlich anwesend bin, weil mir Solone soeben eine seiner vor Leidenschaft leuchtenden Nachrichten geschrieben hat. Maja und ich sind beste Freundinnen, weil wir zwar dieselben Dinge mögen, aber doch gänzlich verschieden sind. Sie ist die Pragmatikerin: Sie denkt in *zusammen sein* oder *nicht zusammen sein*. *Heiraten* oder *nicht heiraten*. *Kinder kriegen* oder *keine Kinder kriegen*. Ich bin die Träumerin, ich liebe das Spiel, die Sehnsucht, die Ungewissheit. Als ich Maja einmal Solones romantische Nachrichten zeigte, musste sie abwechselnd lachen oder sich übergeben. Als ich die Nachrichten ihres Ehemannes las, die an Nüchternheit kaum zu übertreffen sind, fragte ich sie, warum sie ihn eigentlich heirate.

»Ich weiß nicht, wie das weitergehen wird. Wir treffen uns jetzt mal in Triest – das ist genau in der Mitte zwischen Ljubljana und dem Veneto«, erkläre ich.

Maja rollt mit den Augen. Baka trinkt langsam ihr Glas Buttermilch.

»Er soll dich heiraten, er hat Geld«, kommentiert die alte Frau, und ich seufze.

»Aber darum geht es doch nicht! Ist es nicht egal, welchen Namen oder Status etwas hat, das zwischen zwei Menschen ist, solange es lodert, brennt, uns glücklich macht?«, frage ich in die Runde. Meine kroatische Familie beginnt zu lachen. Djed räuspert sich und schenkt mir Raki ein.

»Erinnerst du dich, was ich dir erzählt habe, als du hierhergekommen bist? In Rovinj macht die Bora alle wahnsinnig. Deshalb pass auf. Liebe ist auch eine Form von Wahnsinn.«

September, Triest
Am nächsten Morgen liegen wir im Bett, bis die Empfangsdame des Hotels zum vierten Mal anruft. Solones Büro macht sich Sorgen, weil er seit Stunden kein Lebenszeichen gegeben hat.

Wir haben beide Tränen in den Augen, als ich meine Tasche auf den Rücksitz stelle, ich bilde mir ein, dass es in meinem Auto nach Sommer riecht. Aber als wir uns zum Abschied umarmen, schiebt sich eine Wolke vor die Sonne, und plötzlich wird es kühl. Der Herbst ist da. Wir küssen uns so lange, bis ein Autofahrer zu hupen beginnt, er hat es auf meinen Parkplatz vor dem Hotel abgesehen. Solone wird wütend und beginnt, den Autofahrer zu beschimpfen, ich streichle seine Wangen, lege meinen Zeigefinger auf seine Lippen.

»Kennst du das kroatische Sprichwort? Die Bora kommt in Senj auf die Welt, herrscht in Rovinj und stirbt in Triest.«

Philippe Djian

Slip oder Schlüpfer

Ich war mit Véro zusammen, sie zeigte mir, GENAU DA hatte sie dieser Dreckskerl gekniffen, und ich machte ooohhhh, massierte ihr eine Hinterbacke und schaute mir die Sache gerade genauer an, als das Telefon klingelte.

»Phil?«

»Ja. Wer da?«

»Vincent.«

»Ach du Scheiße!«

»Tut mir leid. Der Alte dreht durch. Du musst kommen.«

»Ich kann nicht. Gibt's sonst noch was?«

»Wir kriegen den Kram nicht fertig. Eine Seite von *Brandwunden in der Nacht* ist verschwunden. Die totale Scheiße.«

»Na und? Bricht jetzt die Welt zusammen?«

»Ja, wir brauchen dich hier auf der Stelle. Ich mein's ernst.«

»Ich auch. Scheiße, ruf doch Henri an. Der hat bestimmt eine Kopie …«

»Henri ist grad für vierzehn Tage weg. In den Bergen.«

»Ach nee, Ruhe, Frieden, lange Wanderungen, um auf andere Gedanken zu kommen, ich seh schon. Das kannst du nicht verstehen.«

»Und, kommst du jetzt?«

»SCHEISSE, ICH HAB ÜBERHAUPT KEIN PRIVATLEBEN MEHR! ICH HAB ÜBERHAUPT NICHTS MEHR!!! IHR SEID EKELHAFT, JUNGS, EINER WIE DER ANDERE, DA VERGEHT EINEM ALLES, VERFLUCHT NOCH MAL!!!«

Ich hab aufgelegt. Ich musste hin. Sie wussten, dass ich kommen würde. Sie wussten, wir hatten alle Schiss, diesen Job zu verlieren. Es gab massenhaft Typen, die wer weiß wie hinter unserer Stelle her waren, flinke Rotznasen, zu allem bereit. Für die war das eine feine Sache, sah ja auch ganz danach aus, jaja, ein Artikel pro Woche, eine Menge Schotter, ein paar Stunden am Nachmittag an der Schreibmaschine, umgeben von Blut und den schönsten Ärschen der Welt, von wegen, manchmal möchte man am liebsten die Stirn auf die Tasten hauen rtzuiofghj und eine Runde heulen.

Véro kam und setzte sich auf meinen Schoß. Klar, sie wusste schon, was los war, war ja auch nicht das erste Mal. Die kleinen Klugscheißer hatten keinen blassen Schimmer, wie's hinter den Kulissen aussah, o nein, die Klugscheißer legten sich in ihr warmes Bett und träumten. Eines Tages würden sie es genauso machen wie ich, sie würden einen letzten Blick werfen auf das, was ihnen noch etwas wert ist, zwei Schenkel oder *Schöne Verlierer* oder sonst was, sie würden den Schwanz einziehen, einen Seufzer ausstoßen, schwer wie die Welt, und auf der tiefschwarzen, knallharten Straße aufprallen wie diese Dinger, die aus dem Nest gefallen sind und sich an den Zipfel einer Seele klammern.

Ich fuhr am Ufer entlang. Das war eines dieser Jahre mit dreizehn Vollmonden und einem echten Sauwetter, und dieser ewige Nieselregen fiel ganz sanft und drang überall ein, ich sah so gut wie nichts, nur jede Menge Licht. Ganz schön VERSCHMIERT, die Windschutzscheibe. Die Scheinwerfer machten sich drauf breit, sie verschmolzen, und ich sagte mir, Scheiße, UND WAS JETZT?, ich wollte anständig fahren. Ich tat so, als ginge mich das kleine rote Benzinlämpchen nichts an, das wie ein Schrei war, der letzte Schrei des Abendlands, aber Herrgott noch mal, MICH PACKTE DIE NACKTE ANGST, ich sah nichts anderes mehr, jeden Augenblick konnte ich am Bordstein abnibbeln, fix und fertig in einem Hagel von Beschimpfungen, und als ich ankam, als ich meinen kribbelnden Hintern aus dem Wagen hob, fühlte ich mich sehr, sehr gut. Manchmal schenkt uns das Leben solch einen kleinen Trost. Also, lasst euch nicht unterkriegen.

Na gut, ich ging also direkt zum Portier, ich unterschrieb meinen Kram und trat in eine schöne Wolke aus blauem Rauch, am Mittwochabend war er immer besonders blau, und dann die ewig gleichen Sandwichs, die in den Ecken verschimmelten, das schale Bier, immer der gleiche Geruch und diese verzerrten Visagen, IMMER WIEDER DER GLEICHE FILM, KLAR, alle rannten in Hemdsärmeln rum und mit einem Gesicht, Gott, als hinge die Welt von ihnen ab, völlig entrückt, gequälte reine Geister, die sich mit viel Liebe über irgendwelche Scheiße beugten. Um der Wahrheit die Ehre zu geben: Sie suhlten sich darin. Ich kam, um ihnen zur Hand zu gehen.

Ich schlenderte auf seinen Schreibtisch zu. Er blickte instinktiv auf. Nach vierzig Jahren, vierzig Jahren seines Lebens am selben Platz, ließ er sich nicht mehr überraschen, und niemand hatte noch Lust, es zu versuchen. Er hatte graue, fast weiße Augen, bei denen mir immer ganz komisch wurde, und damit guckte er fast durch einen durch, bevor er den Mund aufmachte, das dauerte eine Weile, fast zu lang sogar, aber dann war's um dich geschehen, er hatte dich in der Hand. Eine Art von Macht oder Kraft, würde ich sagen. Typen wie der waren ein wahrer Fluch für Typen wie mich.

»AH! Wir dürfen keine Sekunde verlieren«, sagte er und reichte mir einen Stoß Blätter.

Daraufhin knöpfte er sich was anderes vor, und ich stand da und guckte schlau aus der Wäsche, ich war nicht so fix wie er, letztlich kapierte ich dann doch, dass das Gespräch beendet war, und verdrückte mich in den hinteren Teil des Raums, ich setzte mich hinter meine dicke JAPY, in die ich regelrecht verliebt war (nach all der Zeit, die wir zusammen verbracht hatten, nur sie und ich), und ich zückte meine Schachtel Zigaretten wie andere ihre Knarre, ihr Scheckheft oder die Bibel, es ist verflixt schwer, ohne ein Minimum an Zubehör zu Rande zu kommen.

Dann fiel mir die Zigarre ein, die ich seit einem Tag mit mir rumschleppte. Ich zündete sie an. Dicke Wolke. Große Wirkung.

Vincent kam zu mir rüber, er zwängte sich zwischen den Tischen durch. Hundert Kilo behendes Fleisch und so gut wie kein Hirn, obendrein ein großes Problem in puncto Sex, wie alle Welt, nur simpler. Er lebte in der beständigen Angst, eines Tages eine zu zerquetschen, vor allem, wo er Frauen bevorzugte, die zart und anmutig waren, GERTEN-SCHLANK, ich weiß das, weil wir uns nämlich mal zu zweit die Nacht um die Ohren geschlagen haben, sehr spät, angeblich eine dringende Sache, der Pförtner schlief mit der Stirn an den Löchern der Sprechscheibe und drückte seine Seele platt, und wir sind noch mal los und haben uns was zu trinken geholt, ein bisschen nur, schließlich haben wir den Kram sausenlassen und nur noch gequatscht, ich hab gespürt, dass es ihm auf der Zunge brannte, er ließ mich nicht zu Potte kommen, ich hatte es kommen sehen, Mensch, die letzte, erzählte er mir, das war ein ganz zartes Persönchen, Alter, bei der musste ich mich richtig mit den Armen abstützen, stell dir vor, die war wie ein kleiner Vogel, ich hab die ganz vorsichtig durchgebumst, und die hatte keine Spur von Angst, irre, ich hätte sie plattwalzen können, verdammt noch mal, aber du hättest mal meine Arme sehn sollen, das Dach hätte mir auf den Arsch krachen können, ein echtes Paar Kolben, hier, fühl mal, sie hatte nichts zu befürchten, nein, nein, erst als ich gekommen bin, da hätte ich sie fast vergessen, Scheiße, da fehlte nicht viel, ich hab mich auf die Seite geschmissen und abgerollt und hab gezittert wie der letzte Trottel. Ach, Alter, ich glaube, eines Tages …

»Du bist bescheuert«, sagte ich zu ihm. »Mach dich doch nicht kirre.«

»Sag das nicht, Mann, sag das nicht. Ich weiss, irgendwann ist es so weit. Ich bin einfach zu dick für diese kleinen Puppen. Scheiße.«

Dabei schlug er sich mit voller Wucht auf den Wanst, er rammte seine Fäuste in diese Masse von Fett, das an ihm pappte, und ich erblickte zwei dicke Tränen, die nicht kullern konnten, zwei dicke Steine, die für das ganze Elend dieses Mannes standen, ich trank weiter und konnte den

Blick nicht von ihnen abwenden, ich musste an dieses Mädchen denken, das noch einmal davongekommen war, und an das, das sterben würde.

Er baute sich also vor mir auf. Er legte beide Hände flach auf den Tisch und beugte sich zu mir runter.

»Tag, du Arsch«, sagte er zu mir.

Ich hüllte ihn in Rauchschwaden ein.

»Das kriegst du zurück«, sagte ich.

»Ach, komm, ich kann nichts dafür.«

»Verdammt, ich bin doch nicht der einzige Ghostwriter in dem Laden hier. Wenn's drauf ankommt, kennst du immer nur eine Telefonnummer, und ausgerechnet MEINE, du verdammter Idiot!«

Er machte ein Gesicht, als hätte ich ihm wehgetan.

»Stimmt doch gar nicht, du Arsch. Der Alte hat nach dir verlangt. Du bist der Schnellste.«

»Hör auf, mich Arsch zu nennen. Ich bin nicht der Schnellste, ich bin der Beste.«

»Ah ja?«

»Ich hatte einen Riesenerfolg mit *Playboys sterben einsam*. Dan Miller. Daran erinnert sich jeder. Nur deshalb bin ich heute Abend hier, mein Freund. Ich rotz euch das in fünf Minuten runter, wär doch gelacht.«

Ich packte meinen Stuhl und wippte nach hinten.

»Hast du den Kram schon gelesen?«, fragte er.

»Noch nicht, Alter, noch nicht.«

»Dann beeil dich, du Arsch.«

Ich warf als Erstes einen Blick auf die dritte Episode von *Brandwunden in der Nacht*. Sieben Seiten, es fehlte die

Nummer sechs, die sollen mir bloß nicht blöd kommen, ich hol mir erst mal ein Bier, vorher setz ich mich da nicht dran.

Ich stand auf, ich erwischte eins, das so richtig lauwarm war, und dabei geriet ich dem Alten unter die Augen, der sich an dem Tisch mit den Layouts rumtrieb. Ich nickte zu ihm rüber, ja, ja, alles bestens, du guter Engel, und sah zu, dass ich wieder an meinen Tisch kam.

Diese dritte Episode war hochgradiger Schwachsinn, Ton und Inhalt ganz nach dem Geschmack des Lesers. Die kleine Nutte hatte eine Zwillingsschwester, sehr unschuldig und keinen blassen Schimmer vom Leben, sie hieß Sandrine, und eines Tages, als sie einkaufen geht, trifft sie zufällig einen Freier ihrer Schwester, einen richtigen Hornochsen, und dieser Typ kriegt schlagartig eine irre Lust, mit ihr in die Kiste zu steigen, und als sie ihm sagt, das muss ein Irrtum sein, donnert er ihr SEINE FAUST ins Gesicht und packt sie auf sein Mofa. Die Nutte ist unterdessen bei ihrem vierundzwanzigsten Kunden angelangt, und das ist der schmierige Teil der Story mit Sätzen wie: »In einem Orkan wilder Sinnlichkeit stürzte sie sich in die aufbrandende Woge des Orgasmus.« Verdammt, Henri, wie kommt man eigentlich auf so 'nen Scheiß?

Es folgte das große schwarze Loch, Seite sechs, und danach durfte man den beiden Schwestern beim Turteln zugucken, Sandrine ist doch nicht geschändet worden, weil die Nutte sie aus höchster Not errettet hat. Phantastisch! Man brauchte bloß die einzelnen Teile wieder zusammenzukleben.

Tja. Das war er also, der Scheiß, den sie mir aufgebrummt

hatten, die große Mauer aus Dreck, gegen die ich mit meinem schlauen Köpfchen rennen sollte. Das war immer dasselbe, und das ging schon eine ganze Weile so. Zum Glück schrieb ich damals auch Gedichte, um nicht total abzustumpfen. Leider stumpfte ich trotzdem ab, denn meine Artikel wurden immer besser, der Rest dafür um so schlechter. Ich stand in der Blüte meiner Jugend. Ich hielt mich für unantastbar da oben, in Wirklichkeit war ich schon am Boden. Ich glaubte, auf die Leute herabzusehen, tief unten waren sie, winzig klein, dabei standen sie neben oder über mir, die meisten wahrscheinlich über mir. Jetzt bin ich kuriert. Ich interessiere mich nicht mehr für den Himmel, nur für die Vögel, und ich versuche, ihrer Kacke auszuweichen. Alles andere kann mich mal.

Der Alte rief mich zu sich. Ich sprang auf.

»Und?«, fragte er.

»Das klappt schon, Monsieur.«

»Woran denken Sie?«

»An nichts.«

»Sehr komisch. Ich wollte wissen, wie kriegen Sie das hin, dass die Schwester sich einschaltet?«

»Och … ganz einfach.«

»Na wie?«

»Via Telepathie.«

»Aha …«

»Genau …«

»Und dann?«

»Ich denk mir die Sache so: Der Typ sperrt Sandrine in seinem Zimmer ein und geht runter, um sich an der Ecke was zu trinken zu holen. Sie wird wach, erfasst ihre entsetzliche Lage und tritt mental mit ihrer Schwester in Verbindung. Die lässt ihren fünfundzwanzigsten Kunden mittendrin versauern und kommt schleunigst angetanzt. Sie findet eine Leiter, klettert durchs Fenster und befreit ihre kleine Schwester. Sie setzt Sandrine in ein Taxi, ehe der Typ zurückkommt, stiefelt wieder rauf und hüpft artig unter die Decke. Der Typ merkt von alldem nichts, an dieser Stelle könnte man eine gute Nummer einfügen und dann die letzte Seite anhängen.«

Er schaute mich an. Ich stand kerzengerade vor seinen weißen Augen. Es gab welche, die konnten erkennen, wie er drauf war, je nachdem, ob seine Augen eher gen Weiß oder Grau tendierten, aber ich habe mich auf dieses Spielchen nie eingelassen.

»Na schön«, sagte er. »Nur eins passt mir nicht.«

»Ja … Das glaubt kein Mensch, nicht wahr?«

»Doch, doch, das ist sehr gut … Aber der fünfundzwanzigste Freier …«

»Ja?«

»Mir wäre lieber, sie brächte das mit dem zu Ende.«

»Kein Problem, Monsieur.«

»Verstehen Sie … Dieser Mann hat im Voraus zahlen müssen, und der Leser würde es bestimmt nicht schätzen, wenn …«

»Das würde niemand, Monsieur.«

Zurück zu meiner schweren JAPY. Sie hatte einen prima Anschlag, ganz leise, und ich ließ zwei flinke Finger darüber fliegen, die anderen ballte ich zur Faust, der Rest der Bude scherte sich eigentlich einen Dreck um mich, aber ich legte mich damals ziemlich ins Zeug und war immer als Erster aus dieser Hölle wieder raus, und damit machte ich sie wirklich WAHNSINNIG, denn der Alte musste mir ständig wegen aller möglichen Tippfehler, Ungereimtheiten und dem ganzen Scheiß, den ich überall eingestreut hatte, nachlaufen, und alle dachten, er habe mich in sein Herz geschlossen und wolle mir irgendwelche Ideen entlocken, ich sei bestimmt unentbehrlich, und ich ließ sie schwafeln, ich goss das seltsame und übelriechende Pflänzchen ihrer Eifersucht.

Ich war gerade dabei, besagtem Kunden einen schönen Abgang zu bereiten, ich gönnte ihm einiges für seine Kohle – und jetzt werden alle Liebesdienerinnen mit dem Finger auf mich zeigen und sich schlapp lachen, weil ich zu dick aufgetragen habe, und das auch noch für einen lumpigen Schein –, da sah ich Leclerc reinkommen. Ich machte mich auf meinem Stuhl ganz klein, und jetzt denkt ihr sicher, dass es eine Menge Leute gab, die mir das Leben bei Polective zur Hölle machten, ach Gott, weit gefehlt, ich erzähl euch längst nicht alles, nein, vielleicht ein andermal, na ja, eins noch, da war nämlich auch so eine typische kleine Sekretärin mit heißen Brüsten und übernächtigter Visage, die einen langen schwarzen Ledermantel trug und euch in einer Ecke abgemurkst hätte, nur um euch die Lust auszutreiben, es bei ihr zu versuchen, die hielt sich lieber an die graumelierten Geldsäcke und ließ sich gern im Aufzug ficken, aber nicht von Leuten unseres Kalibers, unter einem Redaktionsassistenten, unter, sagen wir, 7000 im Monat tat sie's nicht, anscheinend hielt sie ihre ausgetrocknete, arrogante Möse für ein Weltwunder, ich kann das ruhig sagen, ich hab nämlich nichts zu befürchten, mich hat die nie angeguckt. Liebling, ich komme zurück, sobald ich diese Zeitung gekauft habe, alle fünf Etagen, verachte mich in der Zwischenzeit bitte nicht zu sehr, gib dir Mühe. Du wirst gerade mal fünfzehn Jahre älter sein als ich, Liebling, das wird wunderbar mit uns.

Kurz und gut, ich saß da auf meinem Stuhl, und Leclerc wetzte zu seinem Schreibtisch und stellte seine große Aktentasche aus weichem glänzenden Leder neben sich auf den Boden. Keine Ahnung, warum, aber diese Aktentasche machte mir Angst, ich stellte mir vor, da seien Karteikarten drin, und auch eine von mir, auf der stand, was ich so trieb, wohin ich ging, wen ich bumste oder auch nicht, einfach all die pikanten Sachen und Details, die man nur im finstersten Verlies seines Kopfes aufbewahrt. Mein Gott, woher wussten die das alles, zum Beispiel diese eine Sache damals, ich war erst zwölf, ein Kind noch, wo ich die Blumen rings um das Kriegerdenkmal rausgerissen hab, um sie diesem wunderbaren kleinen Mädchen zu schenken, oh, oh, ICH TU DAS AUCH NIE WIEDER!

Ja, ich weiß, ich weiß, aber würde euch das helfen?

Leclerc setzte sich, er faltete die Hände und schaute lächelnd zu mir rüber. Ich kannte dieses Lächeln.

Es gab ein Missverständnis zwischen uns. Ich hatte zu dieser Zeit einen wüsten Haarschopf und Bart, ich hatte nicht vor, irgendwem damit auf den Keks zu gehen, aber so konnte ich morgens noch ein bisschen im Bett bleiben und zuhören, wie meine Haare wuchsen, und Véro fand das auch toll, sie meinte, das kitzele so schön, und wir hatten unseren Spaß, ich hatte einen dieser irren Bärte, und meine Haare, na ja, das waren echt Haare, aber die Leute lassen einen ja nie in Ruh, Haare im Gesicht, so was mögen sie nicht, da stellen sie sich gleich wer weiß was vor, die haben einen richtigen HORROR davor, und das kann ein übles Ende nehmen, ich für mein Teil kann zwar ihr Gesicht auch nicht ausstehen, aber ich sage nichts, ich gucke weg, ich hab keine Lust, mir aus Jux und Tollerei irgendwelche Scherereien einzuhandeln, ist nicht mein Ding. Ich krieg auch so schon jeden Tag mein Teil ab. Ist doch klar, man kann nicht schon am frühen Morgen anfangen zu schreien, selbst wenn der Kaffee zum Kotzen ist und der Nachbar gegenüber auch, kann man nun mal nichts dran ändern.

Ich wollte mich wieder an die Arbeit machen, aber wenn so ein Typ dauernd zu dir rüberguckt und nicht aufhört zu lächeln, dann macht dich das nervös, das macht den Geist stutzig, und im Zweifelsfall lässt man die Arbeit liegen. Er hatte mir schon mal übel mitgespielt. Der hatte mich auf dem Kieker, dieser Kerl, es juckte ihn, wenn er den Raum inspizierte, er fing rechts an und drehte langsam, unerbittlich den Kopf, einfach perfekt, und zu guter Letzt hatte er mich im Visier, ich sah immer zu, dass ich bis zum Hals in Arbeit steckte, ZEHNMAL MEHR Arbeit als die anderen, aber das machte nichts, half aber auch nichts, denn er ließ mich nicht mehr aus den Augen und fing an zu lächeln, und am Anfang lächelte ich noch zurück, ich hielt das für eine Art Sympathiebekundung, ich war jung, und er lächelte dann nur noch mehr, ich nickte ihm zu, hallo, hallo, wie geht's, man sah sein ganzes Gebiss, er saß da an seinem Schreibtisch, und dann ging ich auf den Lokus, ein kleiner Trick, der die Leute NACHDENKLICH stimmt, es fällt nämlich alles hinterrücks auf einen zurück, wundert euch nicht.

Als ich ihn aufstehen sah, wusste ich, dass ich mal wieder fällig war.

»Na, mein Freund, viel zu tun?«

»Pfff…«, pustete ich demütig.

»Der Job macht Ihnen Spaß, hmm?«

»Ich mag die Atmosphäre.«

»Ja, das ist ein ständiger Kampf. Da kommt man nicht zum Durchatmen, Sie spüren sicher auch diese Anspannung um uns.«

»Jaja, die spür ich.«

»Sehen Sie, wir sind ein verschworener Haufen, alle für einen, einer für alle. Wissen Sie, es wäre ein Klacks, Sie bei uns einzustellen, oben in der Geschäftsführung schätzt man Ihre Arbeit. Ein junger Mann wie Sie hat doch Ehrgeiz, oder täusche ich mich da?«

»Soll das ein Angebot sein?«

»Nein… Nein. Nicht, solange Sie DAS da haben!«

Er nahm eine meiner Locken und zog daran.

»HE!«, rief ich. »LASSEN SIE MEINE HAARE IN RUHE!«

»Tja, sehen Sie, wir haben uns doch nicht verstanden.«

»Was gäbe es denn zu verstehen?«

»Passen Sie auf, mein Freund, nicht mit mir. Ich bin auf der Hut, damit Sie das wissen. Glauben Sie nicht, dass Sie diese Zeitung so mir nichts, dir nichts unterwandern können, Sie und Ihre feinen Genossen…«

»WAS??«

»Ja, ja, ich weiß, bislang hab ich nichts gegen Sie in der Hand, aber ich hab Sie im Auge.«

»Vor ein paar Minuten haben Sie noch gesagt, ich könnte zur Mannschaft gehören.«

»Ich glaube, Sie sind ein schlaues Kerlchen. Aber Ihr Aussehen, damit bringen Sie es nicht weit … Sie sehen aus wie all diese Spinner …«

»Es ist nicht meine Absicht, wie ein Spinner auszusehen.«

Er stand direkt vor mir, ich war in meinem Stuhl eingezwängt, aber ich konnte mich immer noch auf den Boden fallen lassen.

»Eins kann ich Ihnen sagen«, ächzte er. »68, da sind diese kleinen Arschlöcher hier rein, um die Zeitung mit Dreck zu bewerfen. Pech für sie, ich war noch da mit ein paar anderen Leuten, und wir haben denen die fresse poliert! Schauen Sie mich an, ich bin über fünfzig, aber ich habe noch genug Mumm in den Knochen, um so kleine Scheißer hier rauszuschmeißen, ich war in Indochina, das können Sie mir glauben. Gucken Sie mal hier, ich kann noch mit der Faust auf den Tisch schlagen, ich bin noch lange nicht am Ende, weiß Gott, das bin ich nicht!«

Und dabei verpasste er dem Tisch einen heftigen Schlag, ich konnte gerade noch meine Blätter festhalten.

»Was soll das alles?«, fragte ich ihn. »Was ist mit Ihnen los? Ich habe hier zu tun, und wenn Sie mich nicht in Ruhe lassen, werde ich nie fertig. Der Drucker hat schon dreimal angerufen, noch mal ruft der nicht an.«

»Machen die erst zu, wenn Sie fertig sind?«

»In ungefähr.«

»Oh … äh … Dann lass ich Sie besser in Ruhe. Denken Sie darüber nach, was ich Ihnen gesagt habe.«

Er ging wieder an seinen Platz. Vielleicht guckte er weiter zu mir rüber und tobte innerlich auf seinem Stuhl, vielleicht steckte irgendeine Absicht dahinter, keine Ahnung, ich stürzte mich jedenfalls wieder auf meine Seiten, die kleine Nutte wischte sich gerade mit dem Bettlaken ab. Ich fragte mich kurz, wie viele Typen sich an dieser Stelle einen runterholen würden, ein paar bestimmt, hoffte ich zumindest, sonst war das doch alles für die Katz, was ich da machte. Dieses Schundblatt war das meistverkaufte im ganzen Land, man kriegte es selbst in den hinterletzten Ecken, wo die Leute noch wie vor hundertfünfzig Jahren leben, und ich, ich brachte ihnen Neuigkeiten aus der großen, weiten Welt, ich zeigte ihnen, wie's in den Städten zuging, bei den komischen Käuzen, und die Kerle ließen ihre Mistgabel fallen und ihre Hose runter und gönnten sich eine kleine Reise durch die Zeit, total gestört, aber mit dem Schwanz in der Hand wie du und ich. Das hoffte ich jedenfalls.

Ich brachte das Zeug zu Ende. Der Alte immer noch an den Layouts. Ich legte die Blätter auf seinen Schreibtisch und setzte mich wieder auf meinen Platz. Leclerc war mitsamt seiner unheimlichen Aktentasche verschwunden, ich entspannte mich, fragte mich, was ich hier verloren hatte. Eine gute Frage. Eine Frage, die 50 000 wert war.

Die Typen zogen nach und nach in kleinen Gruppen ab. Ich wartete darauf, dass ich auch endlich gehen konnte, aber der Alte hatte es nicht eilig, er hatte kein anderes Leben. Er ging immer als Letzter, zu den unmöglichsten Zeiten, immer nachts, er stand noch einen Moment auf dem Bürgersteig und zündete sich eine lange amerikanische Zigarette an, die letzte, das war das Signal, der Pförtner sah zu, dass er schnell die Türen verrammelte, er schickte den ganzen Sauhaufen zum Teufel und brach seine erste Flasche an.

Endlich gab er sich einen Ruck. Er schleppte sich an seinen Schreibtisch und las meine Seite. Das dauerte eine halbe Minute. Er winkte mich zu sich.

»Was haben Sie denn da geschrieben?«

Ich guckte hin. Er hatte ein einzelnes Wort rot eingekreist: SCHLÜPFER.

»Schlüpfer, Monsieur.«

»Ich hab Ihnen schon mal gesagt, dass ich solche Wörter nicht leiden kann. Schreiben Sie lieber SLIP.«

Ist ja gut, ich hätte auch HOSE da hingeschrieben, wenn er es so gewollt hätte, ich dachte nur noch daran, endlich abzuhauen, zu Véros winzigen Schlüpfern, Pech für die abgeschiedenen Höfe und die einsamen Hütten in den Bergen, sollten sie sich selbst aufgeilen, jeder ist sich selbst der Nächste.

»Der Rest ist in Ordnung?«, fragte ich.

»Ja, das ist gut, fehlt nur noch das Foto. Sind die blond, die Mädchen?«

»Ich glaub schon.«

»Sind Sie sicher?«

»Ja, ganz bestimmt.«

Er drehte sich um und nahm einen Stapel Fotos. Alle wer weiß wie retuschiert, die Mädchen sahen nach nichts mehr aus. Ich suchte eine aus, die ich ganz süß fand.

»Nein, die nicht, da sieht man ja die Brustwarzen«, meinte er.

Hatte er recht. Der BH war VIEL zu klein, kein Mensch achtete noch auf ihre Augen.

»Die hier hat einen zu dicken Arsch, oder?«, sagte er.

»Puh…«

»Nein, die sieht blöd aus.«

Er pfefferte sie in eine Ecke, zu hässlich, keine Hüften, zu flach. Vielleicht die hier??? Nein, da sieht man ja die Härchen, ach du Schande, ich hatte keine Ahnung, was er überhaupt suchte, aber irgendwie verstand ich ihn doch.

»Ach je!«, ächzte er. »Da ist keine einzige Schlampe bei, die man halbwegs gebrauchen könnte. Na gut, nehmen Sie irgendeine, Sie kommen schon klar.«

Er kehrte zu den Layouts zurück. Es war niemand mehr da außer uns. Ich hob die Fotos auf. Ich suchte meine kleine Freundin mit den nackten Brüsten. Ich fand sie. Auf der Rückseite stand rot SYLVIE. Siehst du, Sylvie, sagte ich, du kriegst deine Chance. Aber ich wusste genau, das letzte Wort würde der Alte haben.

Ich spannte ein Blatt in die Maschine. Ich brachte meinen Text auf Vordermann. Die ersten dicken Tropfen prasselten auf das Dach. Ein Glasdach, aber so dreckig, dass man kaum noch durchgucken konnte, und jetzt war es ohnehin finster. Ich hörte meine Maschine nicht mehr. Ich existierte kaum noch. Ich heftete die Blätter zusammen. Ich schrieb *Brandwunden, Kap. III* auf die Rückseite des Fotos und legte dem Alten alles auf den Schreibtisch, genau in die Mitte, fein säuberlich.

Ich schaute mich nach ihm um. Er war nicht mehr bei den Layouts, er war weg.

Ich wollte gerade abhauen, als ich ein Geräusch hörte. Das kam aus dem Scheißhaus. Ich ging näher ran und hörte ihn hinter der Tür stöhnen. Sie war abgeschlossen.

»Monsieur«, sagte ich, »stimmt was nicht?«

Keine Antwort. Er machte nur hinnn hinnn, wie ein Tier, das im Sterben liegt. Wie ein Hilferuf klang das nicht, eher wie eine Klage, wie ein Gedankenaustausch mit dem Tod, und das auf dem Scheißhaus, einem ruhigen Ort.

Ich rannte runter und weckte den Pförtner. Während ich ihm die Sache erklärte, kam seine Frau aus der Bude raus, total versiffter Bademantel und geblümte, ausgelatschte Pantoffeln, und fing laut an zu zetern, direkt vor meiner Nase, ich fragte mich, was sie wohl gegessen hatte, was die Leute so alles in sich reinschlingen und wie man nur so werden kann und vor allem WARUM?

Ihr Mann rannte zu dem Scheißhaus. Seine Frau suchte das Telefon.

»Lassen Sie«, sagte ich. »Ich kümmere mich darum.«

Sie war heilfroh. Sie wollte sich das Spektakel nicht entgehen lassen. Ich hörte sie die Treppe raufschlurfen, während er gegen die Tür hämmerte.

Ich schob die Nase nach draußen. Gott sei Dank, die Kneipe nebenan hatte noch auf. Ich rannte los.

»Ich hätte gern ein Bier«, sagte ich. »Aber ein kaltes.«

Ich genehmigte mir einen großen Schluck, dann ging ich zum Telefon. Die Nummer stand auf der Wählscheibe.

»Notruf?«, fragte ich.

Ich schickte sie allesamt zu der Adresse, es ist ernst, sagte ich und legte wieder auf.

Ich ging zu meinem Bier zurück. Sylvie hatte jetzt eine echte Chance. Vielleicht, vielleicht auch nicht. Ich konnte da nicht mehr viel tun. Es interessierte sowieso kein Schwein.

Hansjörg Schneider

Henriette

Sie war ihm schon lange aufgefallen, sie war nicht zu übersehen. Sie hatte eine unverschämte Selbstverständlichkeit, in die Welt zu schauen, und sei es in Männeraugen. Er fühlte sich als Mann, wenn sie ihn ansah, und er erschrak jedes Mal.

Wie sie hieß, wusste er nicht. Er hatte gehört, dass sie ursprünglich aus dem Welschland war. Ihr Vater hatte offenbar im Städtchen eine Stelle gefunden, deshalb lebte sie hier. Aber von Heimweh war ihr nichts anzumerken. Sie wirkte bloß ein bisschen fremd.

Er sah sie jeden Morgen in der Eisenbahn. Er kam meistens im letzten Moment und hörte den Schaffner fluchen, wenn er, die Schulmappe in der Hand, auf das letzte Trittbrett sprang. Aber das war ihm egal. Aus dem anfahrenden Zug hinauswerfen konnte ihn niemand.

Er ging durch die verrauchten Abteile, in denen die Arbeiter schliefen, er pendelte die Schläge der Weichen aus. Auf dem sich verschiebenden Steg, der die beiden letzten Wagen verband, blieb er kurz stehen und hielt sich fest. Es roch nach Eisen, nach harten Schlägen auf Stahl, er hörte das Schleifen der Bremsklötze.

Sie saß in einem Nichtraucherabteil. Offenbar mochte sie den Geruch von abgestandenem Rauch nicht. Sie schlief nie, ihre Augen waren immer hellwach. Wenn er vorbeiging, schaute sie ihn an. Sie grüßten sich nicht. Er wusste nicht genau, warum er sie jeden Morgen sehen wollte. Es musste etwas in ihren Augen sein, was er suchte, etwas Gescheites, Freches, eine schamlose Neugier.

Er setzte sich nie, obschon neben ihr immer Platz war. Die Arbeiter trauten sich nicht zu ihr. Und den geschminkten Fabrikmädchen war sie fremd.

Er wusste, dass sie zur Arbeit in eine Bank fuhr. Er stellte sie sich vor, wenn er sich in einem Wagen weiter vorn auf eine abgewetzte Holzbank setzte, wie sie die Schalterhalle betrat, durch die Tür in den Büroraum ging, sich hinter eine Schreibmaschine setzte und zu tippen anfing. Was sie tippte, war unwichtig. Zahlen, Zinsen und amerikanische Dollars waren wie Wassertropfen, die von ihrer rötlichen Haut abglitten. Sie war auf Abruf hier, sie war immun.

Einige Male sah er sie zusammen mit einem jungen Mann, den er flüchtig kannte. Er war Verkäufer in einem Herrenkleidergeschäft, er trug helle Anzüge und rauchte Laurent-Zigaretten. Sein Haar war gepflegt. Vermutlich hatte er in der Nacht ein Haarnetz auf. Unsympathisch war er nicht. Er ging in schwarzen Lederschuhen und machte kurze, unauffällige Schritte. Sie hatte sich bei ihm eingehängt und schien sich wohl zu fühlen.

Er lernte sie kennen, nachdem er mit einigen Kollegen zusammen Bier getrunken hatte. Es war Spätsommer, die Luft war schon kühl. Sie standen nach Wirtschaftsschluss in der Gasse. Nach Hause wollte noch keiner. Einer behauptete, ein Mädchen zu kennen, das Henriette heiße und bestimmt noch Kaffee machen würde.

Sie gingen durch das schlafende Städtchen. Auf der Landstraße dann sahen sie, dass der Halbmond am Himmel hing. Sie marschierten schweigend durch die Nacht und rochen den Herbstduft, der aus den Bäumen stieg.

Das Mädchen wohnte in einem Mehrfamilienhaus am Waldrand. Sie hatte noch Licht. Jemand warf einen Stein hoch, und das Fenster ging auf. Es war das Mädchen aus der Eisenbahn.

Sie stiegen in ihre Wohnung hinauf, und sie kochte Kaffee. Es schien sie zu freuen, dass jemand gekommen war, um ihr die Nacht zu verkürzen. Als er mit ihr tanzte, umarmte sie ihn so selbstverständlich, als würden sie sich schon lange kennen. Einmal erschien ihr Vater unter der Tür. Er war ein kleiner Mann mit weißem Kraushaar. Er grüßte freundlich und zog sich wieder zurück.

Als sich seine Kollegen verabschiedeten, beschloss er zu bleiben. Sie war sogleich einverstanden. Sie wolle sich nur noch umziehen, sagte sie.

Er saß auf dem Kanapee und betrachtete die Bilder an der Wand. Eines war eine gerahmte Fotografie. Sie zeigte ein fünfjähriges Mädchen mit einer weißen Masche im Haar. Auf der Nase hatte sie Sommersprossen, ihre Augen waren freundlich und neugierig.

Sie stiegen zusammen zum Wald hoch. Henriette trug einen roten Pullover, der ihr bis zu den Knien reichte. Er nahm ihre Hand. Sie sei ein bisschen traurig, sagte sie, denn übermorgen ziehe sie ins Welschland zu den Großeltern. Es habe ihr nicht schlecht gefallen hier, aber heimisch sei sie nie geworden. Trotzdem sei es ein Abschied, und ein Abschied sei immer traurig.

Sie setzten sich auf eine Bank, die unter einer Linde stand. Sie umarmte ihn, ohne zu zögern. Er spürte ihre Lippen, und seine Hände glitten unter den roten Pullover.

Am andern Nachmittag traf er sie in der Badeanstalt. Sie hatten es so ausgemacht unter der Linde. Er war erstaunt, dass sie kam, denn es regnete. Er lag auf einer Holzpritsche vor den Männerkabinen. Er war im Wasser gewesen und fror. Die Tropfen klatschten auf das imprägnierte Holz, es roch nach einem verregneten Sommerabend.

Er hatte sie schon gesehen, als sie hereingekommen war. Sie war am Bademeister vorbeigegangen, der sie verwundert anschaute. Sie war weiter zu den Damenkabinen gegangen und hatte die von der Sonne braungebrannte Tür hinter sich zugezogen. Jetzt kam sie auf ihn zu in einem roten Bikini. Sie ging langsam, sie wiegte sich so selbstverständlich in den Hüften, dass er am liebsten geflohen wäre. Aber er blieb und schaute sich um. Außer dem Bademeister und ihr war niemand da. Er setzte sich auf und strich sich das Haar zurecht.

Sie kniete sich neben ihn auf die Pritsche und griff nach hinten in ihr Haar. Sie hob es hoch und ließ es über die Achseln fallen. Dann legte sie sich auf den Rücken. Die Tropfen klatschten auf ihren Bauch. Er sah die fein gezeichneten Sommersprossen um ihren Nabel.

Er fragte, ob sie gut geschlafen habe. Ja, sagte sie, und du? Er auch, sagte er. Ihre Taille war unglaublich schmal. In der Mulde unterhalb der Rippen wuchs heller Flaum. Er schaute zum Bademeister hinüber, der beim Nichtschwimmerbecken stand. Er machte sich an der Dusche zu schaffen, aber er schaute dauernd herüber.

Er spürte, wie die Tropfen auf seinen Rücken fielen. Das Wasser rann ihm aus dem Haar. Er sah, wie sie im Regen blinzelte, sie lachte. Ihre Augen waren hellgrau. Das hatte er noch nie bemerkt. Er beugte sich vor und küsste ihren Bauch. Dann spürte er, wie seine Nase blutete.

Er drehte sich auf den Rücken und legte den Kopf auf die Pritsche. Das Blut rann ihm in den Rachen, er schluckte es hinunter. Sie setzte sich auf und strich ihm sorgfältig über die Brust bis zum Nabel. Dort ließ sie ihre Hand liegen. Das macht nichts, sagte sie, das geht vorbei. Sie nahm die Hand weg, rollte ihr Badetuch zusammen und schob es unter seinen Kopf. Er spürte ihre nassen Haare im Gesicht und sah sie blinzeln. Dann legte sie ihr Kinn auf die Knie, ihre Hände umspannten ihre schmalen Fesseln. Sie schaute zum Weißberg hinüber, der im Regen zu sehen war.

Am andern Abend stand er auf dem Bahnhof und wartete. Er war zu früh. Es war Sonntag. Eine Familie mit drei Kindern saß auf der Bank neben der Unterführung. Der Vater hatte einen Rucksack auf den Knien und verteilte Äpfel.

Er schritt den Perron hinauf und hinunter. Der Weißberg lag dunkelgrün im Abendlicht, er war schön. Zwischen den Schienen hüpften Spatzen herum. Er hob den linken Arm und roch daran. Er duftete nach Henriette.

Als der Zug schon zu hören war, kam sie endlich. Sie war in Begleitung ihres Vaters. Er schleppte zwei Koffer die Unterführung herauf.

Sie kam auf ihn zu und gab ihm die Hand. Er wollte sie umarmen, aber sie drehte sich weg und half ihrem Vater, die Koffer in den Zug zu schieben. Sie redete sehr schnell französisch mit ihm, er verstand kaum ein Wort. Dann küsste sie den weißhaarigen Mann.

Der Zug fuhr an. Er sah, wie sich die gusseisernen Räder über die Schienen drehten, er hörte das Schleifen der Bremsklötze. Sie schaute aus einem Fenster. Mit der rechten Hand hielt sie ihr Haar zusammen, die linke hatte sie in den Fahrtwind gestreckt. Sie winkten ihr beide, bis der Zug in einer Kurve verschwand.

Guy de Maupassant

Marroca

Lieber Freund, Du hast mich gebeten, Dir vom afrikanischen Boden aus, der mich so lange schon anzog, Eindrücke, Erlebnisse und vor allem meine Liebesabenteuer zu beschreiben. Du sagtest, schon im Voraus müsstest Du über meine schwarzen Liebschaften lachen und sähest mich bereits in Begleitung einer großen ebenholzdunklen Frau wiederkommen, mit gelbem Kopftuch und in schlotternden auffallenden Gewändern.

Die Maurenmädchen kommen schon noch an die Reihe, denn ich habe schon mehrere gesehen, die mich reizten, in diese Tinte zu tauchen, aber vor der Hand habe ich was Besseres und ganz Eigenes gefunden.

In Deinem letzten Briefe schriebst Du: »Wenn ich die Liebe in einem Lande kenne, kenne ich auch das Land so genau, dass ich es beschreiben könnte, ohne es je gesehen zu haben.« Also höre: Hier liebt man mit wahnsinniger Leidenschaft. Vom ersten Tage ab fühlt man eine Art zitternder Glut, ein plötzliches Erwachen der Begierden, eine Schwäche bis in die Fingerspitzen, die unsere Liebesfähigkeit und all unsere Empfindungen bis zur Verzweiflung überreizt. Das geht von der einfachen Berührung der Hand bis zu jenem unnennbaren Zwange, der uns so viel Dummheiten begehen lässt.

Wohlverstanden, ich weiß nicht, ob es das, was man Herzensneigung, Seelenliebe, ideale, kurz platonische Liebe nennt, unter diesen Breiten gibt. Ich zweifle sogar daran. Aber die andere Liebe, die der Sinne, die auch ihr Gutes hat, wird in diesem Klima wirklich fürchterlich. Diese Hitze, diese fiebererregende fortwährende Siedetemperatur der Luft, diese erstickenden Südwinde, diese Feuerfluten aus der nahen großen Wüste, dieser schwere Sirokko, der mehr brennt und frisst denn Flammen, diese unausgesetzte Feuersbrunst, in der der ganze Erdteil steht, den die ungeheure sengende Sonnenglut bis zu den Steinen in Brand gesetzt – alles das macht das Blut kochen, entzündet das Fleisch, weckt das Tier.

Aber ich komme zu meiner Geschichte. Über die erste Zeit meines Aufenthaltes in Algerien will ich nicht weiter reden. Nachdem ich Bona, Constantine, Biskra und Setif besucht, kam ich über den Chabet-Pass. Ein unvergleichlicher Weg ist das, mitten durch Kabylenwälder, zweihundert Meter über dem Meere hin in Serpentinen bis zum wundervollen Meerbusen von Bougie! Er ist ebenso schön als die von Neapel, Ajaccio und Douarnenez, die prachtvollsten, die ich kenne, vielleicht abgesehen von der von rotem Granit umsäumten Wunderbucht von Porto an der Westküste Korsikas.

Ehe man das wogenstill daliegende große Becken umgangen, sieht man schon von weitem, ganz fern Bougie liegen. Es ist auf den Abhängen eines hohen bewaldeten Berges erbaut. Und erscheint einem wie ein weißer Fleck auf dem grünen Abhang, als wäre es der Gischt eines dort sich ins Meer stürzenden Wasserfalles.

Sobald ich nur einen Fuß in dieses winzige Städtchen gesetzt, wusste ich, dass ich dort länger verweilen würde. Überall bietet sich dem Auge ein weiter Kreis von Bergspitzen, die krumm, zersägt, als Hörner und Zacken sich so eng zusammenschließen, dass man kaum das offene Meer erkennen kann und der Meerbusen wie ein See aussieht. Das blaue, milchblaue Wasser ist wunderbar durchsichtig, und darüber wölbt sich in märchenhafter Schönheit der azurblaue Himmel, der ausschaut, als trüge er eine doppelte Farbschicht! Eines scheint sich im andern zu spiegeln und seine Strahlen zurückzuwerfen.

Bougie ist eine Ruinenstadt. Wenn man ankommt, erblickt man am Quai ein so prachtvolles altes Gemäuer, dass man denken könnte, es wäre eine Theaterdekoration. Es ist das alte, efeuumrankte Sarazenentor. Und rings um die Stadt liegen in den Wäldern am Bergeshang überall Ruinen, stehengebliebene römische Mauern, Überbleibsel sarazenischer Denkmäler, Reste arabischer Bauten.

Im hochgelegenen Teile der Stadt hatte ich ein kleines maurisches Haus gemietet. Du kennst diese Wohnungen. Sie sind oft beschrieben worden. Nach außen haben sie keine Fenster, aber der Innenhof gibt ihnen Licht von oben bis unten. Im ersten Stock enthalten sie einen großen kühlen Raum, in dem man sich den Tag über aufhält und ganz oben eine Terrasse, wo man die Nacht verbringt.

Sofort nahm ich die Sitten der heißen Länder an, das heißt, ich hielt meine Siesta nach dem Frühstück. Das ist die heißeste Zeit in Afrika. Da kann man kaum atmen. Dann sind Straßen, Ebenen und die langen, das Auge blendenden Wege menschenleer. Alles schläft, oder sucht doch wenigstens zu schlafen, und zwar so wenig bekleidet als nur irgend möglich.

In meine arabische Säulenhalle hatte ich ein großes weiches Divan gestellt, mit einem Djebel-Teppich bedeckt. Dort streckte ich mich – beinahe in Adamskostüm – aus. Aber ich fand keine Ruhe, so quälte mich meine Enthaltsamkeit.

Ach, lieber Freund, hier gibt es zwei Qualen, die ich Dir nicht wünsche: Wasser- und Weibermangel. Ich weiß nicht, welches von beiden schlimmer ist. Um ein Glas klares, frisches Wasser würde man in der Wüste jede Gemeinheit begehen. Und was gäbe man wohl in gewissen Küstenstädten um ein schönes, frisches, gesundes Mädchen? Mädchen fehlen nämlich nicht in Afrika! Im Gegenteil, es gibt ihrer im Überfluss, aber, um bei meinem Vergleiche zu bleiben, sie sind dort alle ebenso ungesund und verfault wie das Schlammwasser der Brunnen in der Sahara.

Wie ich nun eines Tages, noch entnervter als sonst, vergeblich zu schlafen suchte, meine Knie zitterten, und ich mich wie in Beklemmungen unruhig auf dem Teppich wälzte, hielt ich's nicht mehr aus, stand auf und ging aus.

Es war ein glühender Julinachmittag. Das Straßenpflaster war so heiß, dass man darauf hätte Brot backen können. Das Hemd war sofort nass und klebte am Körper. Und über den ganzen Horizont zog sich weißer Dunst, jene glühende Schirokkolauge, greifbarer Hitze zu vergleichen.

Ich stieg zum Meere hinab und ging um den Hafen herum längs der hübschen Bucht, wo die Bäder liegen. Der schroffe, mit Büschen und stark duftenden Pflanzen bewachsene Berg zieht sich im Bogen um die Bucht, in die das Ufer entlang mächtige braune Felsen tauchen.

Kein Mensch war in der Nähe, alles schwieg. Kein Tier schrie, kein Vogel in der Luft, kein Lärm, nicht einmal ein Plätschern war zu hören, so unbeweglich lag das Meer, als ob es in der Sonne schliefe. Aber es war mir, als vernähme ich in der kochenden Luft etwas wie knisterndes Feuer.

Da schien es mir plötzlich, als bewege sich etwas hinter einem der halb in der schweigenden Flut ertrunkenen Felsen. Als ich mich umdrehte, gewahrte ich ein großes, nacktes, bis zur Brust im Wasser badendes Mädchen, das sich offenbar zu dieser heißen Stunde allein wähnte. Sie blickte in die offene See hinaus und wiegte sich, ohne mich zu sehen, in der Flut.

Es war ein wundervoller Anblick: die schöne Frau in dem wie Glas durchsichtigen Wasser, bei dem blendenden Licht. Denn die große, gleich einer Bildsäule gemeißelte Gestalt war wunderschön.

Da sie doch einmal wieder ans Land musste, setzte ich mich ans Ufer und wartete. Da wandte sie leise den Kopf herum, der eine Riesenlast schwarzer, wildverknoteter Haare trug. Sie hatte einen breiten Mund mit aufgeworfenen Lippen und große, freche Augen. Ihre durch das Klima ein wenig gebräunte Haut schaute aus wie altes Elfenbein, fest und weich, weißer Rasse, doch von Afrikas Sonne gefärbt.

Sie rief mir zu: »Gehen Sie fort da!« Ihre volle Stimme, die ein wenig laut klang und zu der ganzen Erscheinung passte, hatte einen Kehlton. Ich bewegte mich nicht. Da fügte sie hinzu: »Das ist nicht rrrecht von Ihnen, dazubleiben.« In ihrem Munde rollte das R wie ein Lastwagen. Ich bewegte mich noch immer nicht. Sie verschwand.

Es verstrichen zehn Minuten, dann tauchten langsam und vorsichtig, wie ein Kind beim Versteckenspielen, das nach dem späht, der es sucht, Haar, Stirn, Augen auf.

Nun schien sie wütend zu sein. Sie rief: »Sie sind schuld, wenn's mir schlecht bekommt. Solange Sie da sind, komme ich nicht heraus.« Da stand ich auf und ging, nicht ohne mich häufig umzublicken. Wie sie meinte, ich sei weit genug, stieg sie in gebückter Haltung, mir den Rücken zuwendend, aus dem Wasser und verschwand in einer Felsenhöhle, vor deren Eingang ein Kleid lag.

Am nächsten Tage kam ich wieder. Sie badete auch heute, war aber völlig angekleidet. Lachend zeigte sie mir die glänzenden Zähne.

Acht Tage später waren wir gute Freunde. Und wiederum nach acht Tagen wurden wir es noch mehr.

Sie hieß Marroca – wahrscheinlich ein Zuname – und sprach das Wort aus, als enthielte es fünfzehn R. Sie stammte von spanischen Kolonisten und hatte einen Franzosen geheiratet namens Pontabèze. Ihr Mann war Staatsbeamter. Wo er eigentlich beschäftigt war, habe ich nie recht herausbekommen. Dass er sehr viel zu tun hatte, konnte ich feststellen. Das genügte mir.

Da verlegte sie ihre Badezeit und kam jeden Tag nach meinem Frühstück, um in meinem Hause Siesta zu halten. Aber welche Siesta! Als ob das ausruhen hieße!

Sie war wirklich ein wundervolles Mädchen, wenn auch von etwas wilder Art. Ihre Augen schienen immer vor Leidenschaft zu glänzen. Ihr halboffener Mund, ihre spitzen Zähne, selbst ihr Lächeln hatte etwas wild Sinnliches, und ihre seltsame Brust, länglich und gerade, spitz gleich einer

Birne aus Fleisch, elastisch, als enthielte sie stählerne Federn, gab ihrem Körper etwas vom Tier, machte aus ihr ein prachtvolles, niederes Wesen, ein zur freien Liebe bestimmtes Geschöpf. Alles das weckte in mir die Vorstellung jener Gottheiten des Altertums, die da liebten in freier Natur.

Ich glaube, es hat nie ein Weib von so unersättlichen Wünschen gegeben. Ihrer wütenden Liebesglut, ihren zähneknirschenden Umarmungen mit Zuckungen und Bissen, folgte unmittelbar ein tiefer, totenähnlicher Schlaf. Aber plötzlich erwachte sie dann wieder in meinen Armen, zu neuer Verstrickung bereit unter tausend Küssen.

An Geist war sie übrigens so einfach, wie zwei mal zwei vier macht, und an die Stelle von Nachdenken trat helles Lachen.

Auf ihre Schönheit war sie instinktmäßig stolz. Sie hasste jeden Schleier. Sie bewegte sich, lief und sprang in meinem Hause umher in unbewusster und verwegener Freiheit. War sie liebessatt, müde von Schreien und Herumlaufen, so schlief sie tief und friedlich auf dem Sofa an meiner Seite. Die drückende Hitze ließ auf ihre gebräunte Haut winzige Tröpfchen Schweiß treten und von ihr, von den unter dem Haupt gefalteten Armen, von überall, erregenden Duft strömen.

Manchmal kam sie abends wieder, wenn ihr Mann Dienst hatte oder weiß Gott was. Dann streckten wir uns auf der Terrasse aus, nur leicht in feine, weite orientalische Gewebe gehüllt.

Wenn der große, leuchtende Südlandmond am Himmel strahlte und Stadt und Golf, eingerahmt von den Bergen, beschien, dann erblickten wir auf allen anderen Terrassen ein Heer schweigender Gestalten ausgestreckt, die sich ab und zu erhoben, einen anderen Platz suchten, um sich bei der mattlauen Luft wieder auszustrecken.

Trotz der Helligkeit der afrikanischen Abende blieb Marroca dabei, sich unbekleidet in den Mondenschein zu legen. Sie kümmerte sich nicht um alle, die uns sehen konnten, und stieß oft nachts trotz meiner Befürchtungen und Bitten einen langen, gellenden Schrei aus, sodass in der Ferne die Hunde heulten.

Als ich eines Abends unter dem weiten, sternbesäten Himmel schlummerte, kniete sie sich auf meinen Teppich und sagte, indem sie die dicken, aufgeworfenen Lippen meinem Munde näherte:

»Du musst zu mir schlafen kommen.«

Ich verstand nicht: »Wieso denn zu dir?«

»Ja, wenn mein Mann fort ist, sollst du seine Stelle einnehmen.«

Ich musste lachen:

»Wozu denn, da du hierherkommst?«

Sie antwortete, ganz nahe an meinem Mund, dass ich ihren warmen Atem in der Kehle spürte und mir ihr Hauch den Schnurrbart benetzte: »Dass ich eine Errrrrinnerung habe!« Und das R von Erinnerung klang lange nach, wie ein Gießbach über Felsen braust.

Ich verstand ihre Absicht nicht. Sie schlang ihre Arme um meinen Hals: »Wenn du forrrt bist, werrrde ich deinerr gedenken. Und wenn ich meinen Mann küsse, werrrde ich denken, du bist es!«

Und die »errr« und »rrrde« klangen in ihrer Kehle wie das Grollen eines traulichen Donners.

Ich antwortete gerührt und fröhlich:

»Du bist ja närrisch! Ich bleibe lieber bei mir!«

In der Tat kann ich einem Stelldichein unter ehelichem Dache keinen Geschmack abgewinnen. Das sind Mausefallen für Dummköpfe. Aber sie bat, flehte, weinte und beschwor mich mit den Worten: »Du wirrrst sehen, wie ich dich liebe…« Das »wirrrrst« hallte wider wie ein Trommelwirbel beim Angriff.

Ihr Wunsch kam mir so sonderbar vor, dass ich ihn mir nicht erklären konnte. Als ich dann darüber nachdachte, meinte ich, ihn durch einen tiefen Hass gegen ihren Gatten verstehen zu sollen. Es war vielleicht eine jener geheimen Frauenrachen, die mit Wonne den verabscheuten Mann betrügt, ihn sogar in seinem Heim, in seinem Bett hintergehen möchte.

Ich fragte sie: »Dein Mann ist wohl sehr bös gegen dich?«

Das schien sie zu ärgern: »O nein, sehr gut.«

»Aber du liebst ihn nicht, was?«

Sie blickte mich erstaunt mit ihren großen Augen an.

»Doch! Ich liebe ihn sehrrrr, gerade sehrrrr, sehrr, aber nicht so sehrrr wie dich, mein Herrrrrz.«

Nun verstand ich kein Wort mehr, und wie ich zu erraten suchte, küsste sie mich mit jenem Aufwand an Zärtlichkeit, der mich schwach machte, wie sie wusste, und murmelte: »Du kommst, nicht wahrrrr?«

Ich widerstand trotzdem. Da kleidete sie sich sofort an und ging.

Acht Tage lang zeigte sie sich nicht. Am neunten erschien sie wieder, blieb würdevoll auf der Schwelle meines Zimmers stehen und fragte: »Kommst du heute abend zu mirrrrr? Wenn nicht, gehe ich wiederrrr forrrrt.«

Acht Tage, lieber Freund, sind lang, und in Afrika kommen sie einem wie ein Monat vor. Ich rief: »Ja!«, und öffnete die Arme. Sie warf sich an meine Brust.

Als es Nacht geworden, erwartete sie mich in einer benachbarten Straße und geleitete mich.

Sie bewohnten ein kleines, niedriges Haus am Hafen. Zuerst kamen wir durch eine Küche, wo das Ehepaar die Mahlzeiten einnahm, dann in das weißgestrichene Zimmer. Es war sauber. An den Wänden hingen Fotografien von Verwandten und Papierblumen unter Glasglocken. Marroca war ganz toll vor Freude, sprang umher und rief: »Endlich bist du bei uns, bei uns!«

Ich tat allerdings wie zu Hause.

Aber ich muss gestehen, dass ich mich ein wenig genierte, mich sogar unruhig fühlte. Wie ich nun zögerte, mich in der fremden Wohnung eines gewissen Kleidungsstückes zu entledigen, ohne welches ein Mann, wenn er überrascht wird, ebenso linkisch ist wie lächerlich und wehrlos dazu, riss sie es mir mit Gewalt aus der Hand und legte es mit all meinen anderen Sachen ins Nebenzimmer.

Endlich gewann ich meine Sicherheit zurück und bewies es ihr so gut, dass wir nach zwei Stunden noch immer nicht an Ruhe dachten. Da schreckten uns plötzlich heftige Schläge auf, und eine Männerstimme rief: »Marroca, ich bin's.«

Sie fuhr empor: »Mein Mann! Schnell kriech' unters Bett.« Ich suchte wie unsinnig nach meinem Beinkleid, doch sie trieb mich keuchend: »Schnell doch! Schnell doch!«

Ich legte mich also platt an die Erde und glitt lautlos unter das Bett, auf dem ich so bequem gelegen.

Dann lief sie in die Küche. Ich hörte, wie sie einen Schrank öffnete und schloss. Darauf kam sie zurück und brachte einen Gegenstand mit, den ich nicht erkennen konnte und den sie hastig irgendwohin legte. Wie ihr Mann nun ungeduldig wurde, antwortete sie mit fester Stimme: »Ich kann die Streichhölzer nicht finden!« Dann: »Da sind sie. Ich komme.« Und sie schloss auf.

Der Mann trat ein. Ich konnte nur seine Füße sehen – Riesenfüße. Wenn das Übrige dem entsprach, musste er ein Koloss sein.

Ich vernahm Küsse, einen Klaps auf bloßes Fleisch, Lachen. Dann sagte er mit Marseiller Akzent: »Ich habé mein Portemonné vergessen. Deshalb kommé ich zurück. Ich habé gedacht, du schläfst festé.« Er ging zur Kommode und suchte lange, was er brauchte. Dann kam er zu Marroca zurück, die sich aufs Bett geworfen, als ob sie müde sei, und wollte sie offenbar liebkosen, denn sie warf ihm wütend ganze Ladungen von »Rs« an den Kopf.

Seine Füße waren mir so nahe, dass mich eine unerklärliche, alberne, tolle Lust ankam, sie leise zu berühren. Ich beherrschte mich aber.

Als er bei ihr kein Glück hatte, wurde er ärgerlich : »Du bist recht böse heuté.« Doch er ergab sich darein: »Adieu, Kleiné!« Wieder hörte man einen Kuss, dann drehten sich die großen Füße um, zeigten die Sohlen und verschwanden im Nebenzimmer, und die Haustür fiel zu.

Ich war gerettet.

Demütig und kläglich kroch ich langsam aus meinem Versteck und ließ mich, während Marrroca mit schallendem Gelächter händeklatschend einen Tanz um mich aufführte, schwer in einen Stuhl sinken. Doch mit einem Satze sprang ich wieder auf: Ein kalter Gegenstand lag unter mir, und da ich nicht mehr bekleidet war als meine Mitschuldige, hatte ich die Berührung gefühlt. Ich drehte mich um.

Ich hatte mich auf ein kleines, haarscharf geschliffenes Holzbeil gesetzt. Wie war das dahin gekommen? Ich hatte es vielleicht nicht bemerkt.

Als Marroca mich auffahren sah, kreischte sie vor Vergnügen und hustete, indem sie sich die Seiten hielt.

Ich fand diese Heiterkeit übel angebracht, unpassend. Wir hatten in alberner Weise mit unserem Leben gespielt! Immer noch lief mir's kalt über den Rücken, und ihr tolles Gelächter verletzte mich ein bisschen. Ich fragte:

»Wenn mich nun dein Mann entdeckt hätte?«

Sie antwortete: »Keine Spurrrrr!«

»Was denn, keine Spur! Du bist gut! Er brauchte sich nur zu bücken, dann hätte er mich gesehen!«

Sie lachte nicht mehr, sie lächelte nur und blickte mich mit ihren großen Augen, in denen neue Wünsche emporstiegen, starr an:

»Errrrr hätte sich nicht gebückt.«

»Oho, wenn er zum Beispiel nur seinen Hut hätte fallen lassen, so musste er ihn doch wieder aufheben, dann … na, in dem Kostüm durfte er mich doch nicht sehen …«

Sie legte mir ihre kräftigen, runden Arme auf die Schultern, dämpfte den Ton und murmelte, als ob sie mir sagen wollte: ›Ich liebe dich sehrrrrr‹: »Dann wärrrre errrr nicht wiederrrr aufgestanden!«

Ich verstand nicht:

»Wieso?«

93

Sie zwinkerte und deutete mit ausgestreckter Hand auf den Stuhl, auf den ich mich eben gesetzt. Und der ausgestreckte Finger, der Zug um ihren Mund, die halbgeöffneten Lippen, ihre spitzen, blitzenden Zähne, alles deutete auf das kleine Holzbeil, dessen scharfe Schneide glänzte.

Es war, als wollte sie danach greifen, dann presste sie mich mit dem linken Arm an sich, und wie wir Seite an Seite standen, machte sie mit dem rechten Arm eine Bewegung, als schlüge sie einem knienden Manne den Kopf ab ...

So, lieber Freund, fasst man hierzulande die ehelichen Pflichten auf, so die Liebe und so die Gastfreundschaft.

Patricia Highsmith

Auf der Plaza

E r kam zur Welt in einer Hütte aus Zweigen und Lehm, die sich an einen strohfarbenen Hügel schmiegte. Die Straße zum Dorf führte an der Tür vorbei, und schon als Einjähriger wusste er, dass die Leute, die »Hello« statt »Adios« sagten, *americanos* und sehr reich waren. Sein Vater sagte, sie gäben grundlos Geld her. Mit Geld konnte man sich Rosinenbrötchen und Zuckerstangen kaufen. Deshalb hatte er keine Zeit, mit seinem größeren Bruder auf dem Lehmboden zu spielen. Er hatte keine Zeit, sich zu fragen, wie sein Vater und sein Großvater es getan hatten, wenn sie auf der hölzernen Türschwelle saßen, ob die eng gedrängten Hügel die Rücken riesengroßer *burros* waren, wie eine alte Legende besagte, oder ob die fernen Berge, die weite, bräunlichgoldene Bögen beschrieben, Luftblasen enthielten, die herausströmen und die ganze Welt zusammenschrumpfen lassen würden, wenn jemand hineinstach. Er hatte nur Zeit, nach *americanos* Ausschau zu halten. Er konnte sie an der blassen Gesichtsfarbe und an der sauberen neuen Kleidung erkennen. Wenn er einen von ihnen erblickte, rannte er auf die Straße, nackt, wie er war, lachte ihn an, rief: »*Ai-lo!*«, und streckte die Hand aus. Und immer gab es Münzen.

Als Vierjähriger lungerte er an der kleineren Plaza im

95

Dorf herum, wo die Fahrgäste aus den Bussen stiegen. Er lernte sagen: »Kann ich Ihnen helfen, Lady?« und: »Kann ich Ihnen helfen, Sir?«, und immer bekam er *centavos,* denn die Worte bedeuteten, dass er anbot, Koffer zu tragen, die so groß waren wie er und weit mehr wogen als er. Wenn er schnell sprach, konnte er Geld von allen *turistas* einsammeln, bevor die größeren Jungen, darunter sein Bruder Antonio, ihre Koffer wegtrugen. Er lernte sagen: »Das ist das beste Hotel«, wobei er die Straße entlang zu einem großen weißen Haus deutete, und wenn die Leute hingingen, trabte er hinter ihnen her und holte sich beim Hotelmanager einen Peso ab. Das Hotel kostete hundertfünfundzwanzig Pesos am Tag, doch für die *americanos* bedeutete so ein fürstlicher Betrag nichts.

Wenn er einen Amerikaner sah, dann sah er keinen Menschen vor sich, sondern Centavomünzen und rote und grüne Pesoscheine. Fasziniert sah er zu, wie sie in den Silberläden einkauften. Sie suchten schnell aus, als eile es ihnen damit, ihr Geld loszuwerden, und nie gab es Diskussionen über den Preis. Die Frauen hatten noch mehr Pesos als die Männer. Jeder Amerikaner war ein Geldsack, den er lediglich lächelnd anzustechen brauchte, um dann die Hände darunterzuhalten. Seine einzige Konkurrenz bestand in einem Haufen anderer kleiner Jungen, die im Dorf herumliefen, doch ernsthafte Konkurrenz stellten sie nicht dar, weil er im Unterschied zu allen anderen »niedlich« war. Dieses Wort verwendeten fast alle Amerikaner, wenn sie ihm Geld gaben. Es bedeutete, dass er keine Koffer tragen musste wie die anderen, sondern nur lächelnd die Hand ausstrecken musste. Sein Nachname lautete zufälligerweise

Palm, doch es vergingen noch einige Jahre, bevor er die Bedeutung des englischen Wortes für Handfläche – *palm* – erfuhr.

Abends beeindruckte er seine Eltern mit dem *ingles,* das er gelernt hatte. »Vorsichtig mit der Kamera!« oder »Stellen Sie das zu den übrigen Sachen!«

»*Por dios,* Alejandro!«, rief seine fromme Mutter entsetzt. Sie machte sich zunehmend Sorgen um ihn. Er kam nur noch zum Schlafen nach Hause. Und in die Kathedrale wollte er nicht mehr gehen, weil die *americanos,* wie er sagte, auch nicht hingingen und trotzdem viel reicher waren als die Mexikaner.

Seine Eltern erwarteten, dass er das Geld, das er verdiente, jeden Abend ablieferte, genau wie Antonio, doch Alejandro gelang es immer, das meiste davon in seinen Taschen zu verbergen, denn sein Vater war nicht übermäßig schlau. Alejandro konnte sich so viel Eis und Limonade und Schokolade kaufen, wie er wollte. Er konnte sich auf dem Markt fabrikgenähte Hemden kaufen. Nie kaufte er seinen Eltern etwas, wie Antonio es tat. Genügte es etwa nicht, dass das Geld, das sein Vater ihm abnahm, ihnen ermöglichte, jeden Tag Kaffee und frisches Fleisch zu haben? Ohne ihn äßen sie noch immer nichts anderes als *tortillas* und *frijoles,* die sein Vater gegen seine Holzsättel und gegen die Umhänge tauschte, die seine Mutter fertigte. Die klügsten Mexikaner, erklärte er seinen Eltern, waren keine Bauern, die Mais anbauten, oder Holzschnitzer, die Sättel herstellten, sondern Fremdenführer, Inhaber von Silberläden und Hotelbesitzer – Leute, die für die Amerikaner arbeiteten. Folglich waren seine Eltern dumm. Auch Antonio war dumm, denn er arbeitete wie ein *burro* als Kofferträger und verdiente nicht einmal die Hälfte dessen, was er, Alejandro, dafür bekam, dass er lächelte. Er machte sich auf Englisch über Antonios Dummheit lustig, sodass Antonio seinen Spott nicht verstand, und in dem älteren Jungen keimte eine Eifersucht, die zu Hass wurde.

Zweifellos lebte die Stadt vom Geld der Touristen. Geld war der Götze des Dorfs. Manche der Eingeborenen hatten viel Geld, manche hatten fast keines, doch alle mussten für das Lebensnotwendige die hohen Preise zahlen, die das unbekümmerte Geldausgeben der Touristen bewirkte. Die Touristen hatten die schönsten Häuser und das beste Essen, weil sie sich das leisten konnten, während die Ortsansässigen, deren Vorfahren schon dort geboren waren, sich mit dem begnügen mussten, was für sie übrigblieb. Ironischerweise war das mit ihrem Dorf passiert, weil es ein so pittoreskes Dorf war. Unter ihrer oberflächlichen Gutmütigkeit ergoss sich der Hass auf die Touristen wie ein unterirdischer Wasserlauf, der sich bisweilen in den Augen gebeugter alter Männer offenbarte oder in den Mienen kleiner Kinder, die noch nicht gelernt hatten, ihn zu verbergen. Die meisten amerikanischen Touristen merkten nichts davon, weil sie zu unstet waren, aber einige, die sich in dem Dorf niedergelassen hatten, entdeckten ihn und sahen ihn dann überall, sogar in den Augen streunender Hunde auf der Plaza und hinter dem Lächeln der Hotelmanager, die perfekt Englisch sprachen. Nirgends außer im Rausch konnten sie ihm entkommen.

Alejandro lernte Englisch fast so leicht wie Spanisch, und mit der Zeit hatte er die Sprachen parallel im Kopf. Er merkte sich neue englische Wörter und verdiente zusätzliche Centavos, wenn er die Amerikaner nach der Bedeutung bestimmter Wörter fragte. Er lernte, dass es wichtig war, Freundschaft vorzutäuschen und sich an Namen zu erinnern. Wenn er lächelte, winkte und einem Touristen, der ihm schon einmal Geld gegeben hatte, »Hallo, Mr. Soundso!« zurief, konnte er mit noch mehr Geld rechnen. Indem er hinter einer Touristengruppe hertrottete und Englisch radebrechte, erlangte er bisweilen als eine Art Hofnarr die Einladung zu einem Essen im Hotelspeisesaal, das seine Eltern sich nicht einmal ausmalen konnten, nachdem er es ihnen beschrieben hatte.

Als er etwa sieben Jahre alt war, wurde sein Angebot von einer Dame angenommen, und er musste eine kleine Reisetasche den längsten Hügel zu einem Hotel hochtragen. Das Trinkgeld aus Dollars und Pesos nahm er mürrisch entgegen, und als er den Hügel hinuntergewandert war, hatte er beschlossen, ein *guia,* ein Fremdenführer, zu werden. Fremdenführer taten nichts als herumgehen und reden. Er ging an den Bussen vorbei zur größten Plaza, wo sich unter den hohen Platanen vor der Kathedrale die Führer versammelten.

»Kann ich Ihnen die Stadt zeigen, Ladies und Sirs?«, fragte er mit dem gleichen gewinnenden Lächeln, das er an der Bushaltestelle eingesetzt hatte.

Er wetteiferte mit Jungen, die viel älter als er und weit eher imstande waren, die fülligen Damen mittleren Alters zu stützen, die sich auf dem unberechenbaren Kopfsteinpflaster die Knöchel verrenkten; doch meistens sagten die Frauen etwas zu ihren Männern, worin das Wort »niedlich«

vorkam, und er wurde hergewunken. Auf der Plaza wartete auch sein Bruder Antonio, der nach Lehrplan der Stadt mit vierzehn gerade vom Kofferträger zum Fremdenführer graduiert war, Antonio mit seinem unbeholfenen Englisch und seiner ehrlichen, ernsthaften Miene. Alejandro lachte ihn aus und schnappte ihm die Kunden vor der Nase weg. Antonio hatte den ganzen Reiseführer auswendig gelernt und konnte die Wörter nicht richtig aussprechen – und welcher Amerikaner im Urlaub wollte sich schon einen so todtraurigen Vortrag anhören? Antonio und er waren mittlerweile richtige Rivalen und sprachen kaum noch miteinander. Es fiel schwer zu glauben, dass sie Brüder waren, der schwermütige Antonio und der kleine Alejandro mit den strahlenden Augen.

Alejandro war den Fremdenführern oft genug gefolgt, um zu wissen, was sie zeigten und was sie dazu sagten, beispielsweise: »Diese Kathedrale hat zehn Milliarden Pesos gekostet«, doch er variierte die übliche Route. Mit den Gebärden des erfahrenen Führers leitete der Knirps zehn- und zwölfköpfige Gruppen vom Silberladen zu einer »pittoresken Straße«, von dort zum nächsten Silberladen (die Führer verdienten an den Einkäufen ihrer Kunden), von dort zur Kathedrale und von dort zu einem »herrlichen Aussichtspunkt« – eine Tour, die weder zu kurz noch zu lang war und dank einer glücklichen Fügung bei einer der zwei besseren Bars an der Plaza endete, wo es einen Drink mit einem generösen Anteil Tequila gab, der in jedem Reiseführer erwähnt war. Alejandro entwickelte sich zum beliebtesten Fremdenführer des Ortes. Jemand so Junges und Kleines war etwas Neues; seine Kunden empfahlen ihn ihren Freunden, und außerdem gab es die Touristen, die jedes Jahr wiederkamen, die ihn seit seinem vierten Lebensjahr kannten und ihn stolz ihren Freunden vorstellten, die das Dorf zum ersten Mal besuchten.

Er verdiente sechzig bis siebzig Pesos am Tag. Das Bündel Banknoten machte ihm so viel Freude, dass er sich zur Gewohnheit machte, mit einer Hand in der Tasche zu gehen, um das Geld zu spüren, was seine Haltung noch lässiger, noch unbekümmerter wirken ließ. Er kaufte sich Brillantine für sein leicht gelocktes Haar, um ihm blaue Glanzlichter zu verleihen. Er kaufte sich Hosen, wie sie die Amerikaner trugen und wie sie für vierzig Pesos auf dem Markt verkauft wurden, achtete darauf, dass sie stets gewaschen und gebügelt waren, und ließ nie den Reißverschluss offen stehen, wie es viele mexikanische Jungen taten, was, wie er wusste, von den amerikanischen Frauen übel vermerkt wurde. Er bemühte sich, amerikanische Zeitschriften zu lesen. Er besuchte jeden amerikanischen Film, der in den zwei Kinos der Stadt gezeigt wurde, und lernte neue Wörter, indem er sie mit den spanischen Untertiteln verglich. Er schnitt und scheitelte sein Haar so, wie er es bei amerikanischen Schauspielern sah, und kleidete sich ihnen so ähnlich er konnte.

»Niedlich« bekam er nun seltener zu hören als »gutaussehend«. Er war zwölf Jahre alt. Seine Züge waren bereits schmal und männlich und hatten einen gewitzten Ausdruck, der ihn älter wirken ließ, als er war. In amerikanischen Maßen war sein Körper geschmeidige fünf Fuß und fünf Zoll groß und wog einhundertundfünfzehn Pfund. Von allen jungen Männern des Dorfs war er der hübscheste, und er merkte, wie das auf Frauen wirkte. Die verstohlenen Umarmungen der Amerikanerinnen, die sich an ihm festhielten, wenn sie auf den Gassen ausrutschten, ihre hastigen, schüchternen Küsschen auf seine Wangen und Lippen nach dem zweiten Tequila weckten sein Verlangen. Alle Fremdenführer kannten diese nervösen Flirtversuche der Amerikanerinnen und machten sich darüber lustig. Oft deuteten sie auf dieses oder jenes hübsche amerikanische Mädchen und prahlten vor ihren Kameraden damit, dass sie die Nacht mit dieser oder jener verbracht hätten, halb im Scherz, halb, als erwarteten sie, dass man ihnen glaubte.

Auch Alejandro prahlte so, obwohl er nur ein einziges Mädchen verführt hatte, eine Mexikanerin, Concha, das hübscheste Mädchen des ganzen Dorfs. Er war elf gewesen, sie dreizehn. Doch das hatte nichts zu bedeuten. Ein flüchtiger Kuss einer Amerikanerin, egal wie alt oder wie hässlich, zählte mehr, weil sie Amerikanerin war. Mexikanische Mädchen hatten ihn tatsächlich nie angezogen. Ihm gefielen amerikanische Blondinen wie jene, die er in den Filmen sah, und wie sie manchmal aus dem Bus stiegen oder in ihren Autos durch das Dorf fuhren. Er sehnte sich danach, eine von ihnen zu verführen. Dieses Verlangen wurde allmählich sogar stärker als seine Liebe zum Geld.

Seine erste Amerikanerin war eine frühreife blauäugige Fünfzehnjährige, deren blondes Haar sich an den Enden wellte und ein Stück den Rücken herabhing. Das blonde Haar faszinierte ihn, die ausdruckslos starrenden blauen Augen ermutigten ihn. Sie hieß Mary Jane Howell und war mit ihrer Mutter da. Er führte sie und einige andere Touristen durch das Dorf und wurde von Mrs. Howell, zu der er besonders liebenswürdig gewesen war, zum Lunch in ihr Hotel eingeladen. Nach dem Essen wollte Mrs. Howell einkaufen gehen, doch Mary Jane sagte, sie wolle im Hotel bleiben. Nachdem er Mrs. Howell zu einem Silberladen gebracht hatte, kehrte Alejandro ins Hotel zurück, als Mary Jane gerade in der Lobby hinter einem Palmenkübel hervortrat, die Augen noch weiter aufgerissen, noch starrer als sonst.

Er setzte sein gewinnendstes Lächeln auf, das er einem bestimmten amerikanischen Schauspieler abgeschaut hatte, zeigte die linke Gesichtshälfte und schloss die Augen zu schmalen Schlitzen mit langen schwarzen Wimpern. »Die Karte, von der ich erzählt habe, zeige ich Ihnen oben, ja? Hier unten viel Wind, nicht wahr?«

»Ja!«, sagte sie.

Er hätte nicht radebrechen müssen, aber er wusste, wann so etwas ratsam war. Er folgte ihr in ihr Zimmer, und fast noch bevor er die Tür schließen konnte, hatte Mary Jane ihm die Arme um den Hals geworfen und ihm einen warmen, feuchten Kuss auf die Lippen gedrückt.

Kaum eine halbe Stunde später war er wieder unten und ging wie benommen, aber triumphierend zur Plaza. Am liebsten hätte er jedermann von seiner Eroberung berichtet, und innerhalb der nächsten Viertelstunde erzählte er es viermal und jedes Mal minutiöser allen Fremdenführern und Tagedieben, die zuzuhören bereit waren. Jetzt glaubten sie ihm, weil er es selbst glaubte. Die Erkenntnis seines Triumphs war auf der Plaza größer als in Mary Janes Zimmer. Ein blondes amerikanisches Mädchen! Wenn Mary Jane und ihre Mutter später durch das Dorf gingen, folgten ihnen die Blicke fast der gesamten männlichen Bevölkerung.

Danach kamen viele amerikanische Mädchen. Ein paarmal wurde er abgewiesen, doch Alejandro verstand es, Erfolg wie Niederlage mit der gleichen gewinnenden Verbeugung, dem gleichen Lächeln hinzunehmen, und das wendete oft das Schicksal doch noch zu seinen Gunsten. Er galt inzwischen als unverbesserlicher Schwerenöter und erfreute sich eines schlechteren Rufs, als er verdiente. Sein Gang war hochmütig und ließ in seiner angespannten Geschmeidigkeit an den eines verwöhnten Hauskaters denken; ständig war er unterwegs, durchstreifte die Stadt. Den schmalen Kopf hielt er hochgereckt. Allein der Blick seiner dunklen Augen bezwang die Frauen, die er haben wollte, schon zur Hälfte.

Mit fünfzehn erhielt er jede Woche zwei, drei Briefe von amerikanischen Mädchen, Lehrerinnen, verheirateten Frauen, die mit »Liebster Junge«, »Liebling« oder »Mein spanischer Engel« begannen und in Klagen über ihr stumpfsinniges Leben in den Staaten endeten und dem Wunsch, die Freuden, die sie genossen hatten, irgendwann, irgendwo noch einmal zu erleben. Diese Briefe las er heimlich auf einer der Bänke der Plaza, die die Platanen mit sattem Schatten und grellen Sonnenflecken betupften. Er steckte sie so in seine Hüfttasche, dass die amerikanische Briefmarke sichtbar war, und schlenderte auf der Suche nach neuen Mädchen davon. Manche der Briefe beantwortete er in gewähltem Englisch; die meisten waren die Mühe nicht wert. Er hatte einen neuen Ehrgeiz entdeckt. Er wollte eine Amerikanerin heiraten, eine reiche Amerikanerin, und den Rest seines Lebens als der Prinz verbringen, der er war. Viele junge Mexikaner im Dorf hatten Amerikanerinnen geheiratet. Die Wohnung eines dieser Paare war das fürstlichste Haus, das er je zu sehen bekommen hatte. Doch er war noch jung, und ein mexikanischer Junge musste siebzehn sein, um ohne Schwierigkeiten eine Amerikanerin heiraten zu können. Er musste sich älter stellen, sich auf die reichsten und ungebundensten Amerikanerinnen konzentrieren und sie um ihren Verstand betören.

Sechs Monate lang betörte er ein Dutzend Amerikanerinnen um ihren Verstand, doch keine schien ihn heiraten zu wollen. Amerikanerinnen erwarteten romantische Affären als Bestandteil der Unterhaltung, die ihnen das Dorf bot. Sie genossen die Eifersucht der Amerikaner, ihre nervöse Verärgerung oder die ungeschickt gespielte Langeweile, wenn ihre Frauen sich mit jungen Mexikanern verabredeten. Die Frauen schienen ein Spiel zu spielen, um sich am Ende des Aufenthalts mit ihren Männern versöhnen zu können. Alejandro nahm seine Enttäuschungen mit einem Lächeln und einem Schulterzucken hin. Nicht alle Amerikanerinnen waren so unverbindlich. Die Richtige würde kommen.

Eines Tages schlenderte eine Frau, wie Alejandro noch keine gesehen hatte, am Arm eines gutgekleideten rothaarigen Herrn über die Plaza. War sie Amerikanerin? Alejandro musterte sie von Kopf bis Fuß. Ihre Haltung war so stolz wie die seine. Sie hielt eine lange Zigarettenspitze in der Hand und trug hochhackige Pumps aus grünem Eidechsleder, in denen sie auf dem Kopfsteinpflaster, das anderen Frauen, selbst wenn sie Strohsandalen trugen, die Knöchel ausrenkte, eher zu gleiten als zu gehen schien. Sie wirkte gelangweilt; die Stadtbesichtigung schien der Vorschlag des Mannes gewesen zu sein, obwohl sie Alejandro als Führer auswählte. Sie sah die Sehenswürdigkeiten, auf die er wies, nicht an, sondern betrachtete ihn mit einem schläfrigen und nachdenklichen Blick aus ihren graugrünen Augen, der ein sonderbares Gefühl in Alejandro weckte. Sie war nicht attraktiv und war es doch. Jedenfalls, und dieser Gedanke gab ihm seine Fassung zurück, bestand kein Zweifel, dass sie reich war. Ohrringe in Form gehämmerter Goldringe hingen unter dem glänzenden, aufgetürmten schwarzen Haar. Der hellgrüne Tweedrock war maßgefertigt, ebenso wie die graue Seidenbluse und vielleicht auch der grüne Eidechsledergürtel, der zu den Schuhen passte.

Am Ende der Besichtigung wollte sie nicht zusammen mit den anderen in die Cantina gehen. Sie blieb draußen vor der Tür stehen und sah Alejandro an, der dort ebenfalls herumlungerte, als wäre sie seine einzige Kundin.

»Wie heißt du?«, fragte sie ihn mit einer Stimme, die wie eine ferne Orgelpfeife klang, und mit einem Lächeln, das interessante Zähne enthüllte, deren einer teilweise aus Gold war.

»Alejandro Palma, gnädige Frau.« Nach seiner Verbeugung konnte er ihr nicht wieder in das Gesicht sehen. Noch nie hatte er etwas Vergleichbares empfunden, und er wusste nicht, ob es Schüchternheit, Begehren oder Abneigung war.

»Alejandro«, wiederholte sie und rollte das »r« so selbstverständlich wie er selbst. Die graugrünen Augen, von faltigen Lidern halb verdeckt, zwinkerten ihm liebevoll zu. »Nun ja, vielleicht sehen wir uns morgen wieder, Alejandro. Heute war ich zu müde, um etwas von eurem Dorf zu haben.«

»Mit Vergnügen.« Alejandro verbeugte sich.

Ihr Begleiter bot ihr mit geistesabwesender Schicksalsergebenheit den Arm, und Alejandro sah zu, wie sie sich katzengleich mit einem Gang entfernte, bei dem sie einen Fuß vor den anderen setzte. Dann schickte er einen kleinen Jungen los, der für fünfzig Centavos herausfinden sollte, in welchem Hotel sie wohnte und wie sie und der Mann hießen. Der Junge berichtete, dass sie eine Gräfin sei.

Am nächsten Morgen war sie vor neun Uhr an der Plaza, bevor Alejandro begonnen hatte, seine erste Touristengruppe zusammenzustellen. Sie trug jetzt flache Sandalen aus Echsenleder, in denen ihre Füße noch länger und schmaler aussahen. Sie sagte, sie wolle etwas trinken, und sie gingen zu Cesars Cantina, einem tequilageschwängerten Loch in der Mauer einer der Gassen um die Plaza herum, weil die besseren Cantinas noch nicht geöffnet hatten. Bei Cesar waren die Flöhe so fett, dass man sie hier und dort auf den roten Bodenfliesen auf der Suche nach einem Bein umherhüpfen sehen konnte. Zwei schmutzige Mexikaner lümmelten sich an der niedrigen Bar.

Alejandro saß in weißem Hemd mit offenem Kragen und in weißen Leinenhosen in tadelloser Haltung mit der Gräfin an einem kleinen Tisch. Er sprach laut und deutlich englisch, stolz darauf, von Cesar und den zwei Mexikanern mit der eleganten Frau gesehen zu werden, die ebenfalls englisch sprach, ihre russischen Zigaretten mit Zigarettenspitze rauchte und sich in jeder Hinsicht über die unwandelbare Tradition hinwegsetzte, die Frauen nicht gestattete, eine solche Cantina zu betreten. Auf ihre Fragen antwortete Alejandro, er sei achtzehn, obwohl er erst sechzehn war, und er sei an der Academia Inglesa in Mexico City zur Schule gegangen.

Sie hob das kleine Tequilaglas mit ihrer knochigen Hand, trank es ohne Salz oder Limonenscheibe aus und sah ihn gelassen an. »Du bist sehr hübsch. Du siehst ein wenig spanisch aus. Stimmt das?«

»Mein Vater und meine Mutter – hatten beide reines kastilisches Blut«, sagte Alejandro und schlug sittsam die Augen nieder. Einer von Cesars Kampfhähnen, kammlos und hinkend wie ein alter Mann, kam in die Cantina und pickte auf dem Boden herum.

Die Gräfin lächelte und zwinkerte Alejandro zu; obwohl es ein zärtliches Lächeln war, spürte er, dass sie seine Lügen durchschaute. »Ich bin nichts, weil ich alles bin. Verstehst du?« Sie lächelte abermals. »So wie du.«

Er verstand es nicht und verstand es doch. »Was ist mit Ihrem Freund?«

»Robert?« Sie lachte und machte eine wegwerfende Handbewegung, bevor sie nach dem silbernen Zigarettenetui mit den eingravierten Initialen und der Krone griff. »Robert hat sich gestern für immer von mir verabschiedet.«

Wieder konnte Alejandro sie nicht ansehen, konnte keines der Dinge sagen, die zu sagen es jetzt an der Zeit war.

»Nein, geh' nicht mit mir zurück, Alejandro.« Mit gelangweilter Miene war sie aufgestanden. »Besuche mich heute Abend um zehn Uhr, wenn du willst. Meinen Namen weißt du ja schon, nicht wahr? Gräfin Lomolkov – Paula.«

Alejandro war um zehn Uhr da. Er hatte den ganzen Tag vor Aufregung nicht arbeiten können. In dem unordentlichen Zimmer, in dem ihre Sachen die mexikanische Einrichtung überdeckten, liebte die Gräfin ihn auf verwirrende Weise, warb um ihn und überwältigte ihn und bedeckte ihn mit schweren, zärtlichen Küssen, beleidigte ihn, als sie über seine Avancen lachte, und brachte ihn gleichzeitig selbst zum Lachen. Sie erklärte ihm, seine Sprache der Liebe sei noch rudimentärer als sein Englisch. Sie brachte ihn dazu, dass sein größter Wunsch war, ihr zu gefallen. Er hatte nur das Verlangen, sie wiedersehen zu dürfen.

»Aber ja. Morgen fahren wir nach Acapulco.« Sie lag auf dem Rücken und blies den Rauch ihrer russischen Zigarette zur Zimmerdecke. »Ich habe bereits in einem Hotel telefonisch Zimmer reserviert.«

Am Morgen packte er einige seiner besten Hemden und Hosen in einen Koffer, den er soeben erst gekauft hatte.

»Wohin fährst du?«, fragte seine Mutter, die in der Außenküche einen Topf Bohnen aufs Feuer stellte.

»*Quien sabe?*«, antwortete er griesgrämig, begann jedoch zu lächeln, als er den Hügel hinunterging. Seine Mutter würde denken, er fahre lediglich wieder einmal nach Mexico City; vielleicht würde er sein Zuhause nie wiedersehen! Er blickte nicht zurück. Die Welt öffnete sich weiter und weiter vor ihm. Und die Gräfin füllte sie ganz aus.

Er steuerte den glänzenden schwarzen Jaguar der Gräfin aus dem Dorf und richtete den verchromten Kühlergrill nach Acapulco. Die Gräfin war still und nachdenklich und hielt den Blick auf die Straße gerichtet, selbst wenn sie aus der langen, hohen Flasche Tequila Añeja, die sie »zur Feier des Tages« gekauft hatte, einen Schluck nahm.

Alejandro hatte sich noch nie so glücklich gefühlt. Obwohl er immer Herr seiner Zeit gewesen war und seine

Tage im Freien zugebracht hatte, hatte er doch immer gearbeitet, um Geld zu verdienen. Jetzt dachte er nicht an Geld. Er wollte kein Geld von der Gräfin. Er wollte sie nicht heiraten, es sei denn, sie selber wollte es so. Alle seine bisherigen Heiratspläne kamen ihm plötzlich vor wie Betrug, und die Gräfin wollte er nicht betrügen. Was er wirklich empfand, hätte er nicht sagen können, denn was Begriffe wie Achtung, Zuneigung oder Liebe bedeuteten, wusste er nicht, und sie kamen ihm auch gar nicht in den Sinn.

In Acapulco wohnten sie im feinsten Hotel der Saison, wo ihre Suite und ihre Mahlzeiten dreihundertfünfzig Pesos am Tag kosteten. Die Gräfin kaufte ihm eine Badehose, einen Streifen chartreusegrünen Materials, gesprenkelt mit zinnoberroten Blümchen. Mit diesem Tuch um seine schlanken Lenden schwamm er morgens am Strand von Hornos und nachmittags am Strand von Coleta, räkelte sich mit der Gräfin im Sand, und sie legte ihre Sonnenbrille als Merkzeichen in das Buch, in dem sie nie las, weil sie immer ihn anschaute, strich ihm die Locken aus der Stirn oder ließ den weißen Sand die braune, unbehaarte Wölbung seiner Brust hinabrinnen. Nach Tamarindenhighballs auf der Hotelterrasse fuhren sie oft nach Pie de la Cuesta, einem fünfzehn Kilometer entfernten Felsvorsprung. Dort lagen sie in Hängematten nur wenige Meter vom wogenden Meer entfernt, schlürften Kokosnüsse durch Strohhalme aus und sahen zu, wie die Sonne einer in Flammen stehenden Welt vergleichbar ins Wasser fiel. Der Abwechslung halber aßen sie nacheinander in allen Hotels zu Abend und ließen sich wahre Festmähler auf ihre Suite bringen. Meist gingen sie früh zu Bett, weil die Gräfin viel Schlaf brauchte.

Sie erzählte ihm von ihrer Kindheit in Polen auf den großen Gütern ihres Vaters, wo dreihundert Leibeigene riesige Weizenfelder bestellten, von der Flucht in letzter Minute nach Hitlers Einmarsch, von ihrem Leben in Paris und New York. Alejandro glaubte nicht den zehnten Teil davon, doch er lauschte ihr mit der Ehrerbietung, die er erwartet hätte, wenn er eine vergleichbare Geschichte seines Lebens in Mexiko aufgetischt hätte. Und das war das Band zwischen ihnen, ihr Hang zum Lügen, die Kameradschaft der Verstellung, das Vertrauen auf die Faszination, die das Unerhörte auf den Ängstlichen ausübt. Woher hatte sie ihr Geld? Sie habe keines, sagte sie. Sie lebe auf Kredit.

»Wenn es mit meinem Kredit aus ist, dann ist es auch mit mir aus.« Und als Alejandro erschrocken dreinblickte: »Wenn ich nicht gefährlich leben würde, könnte ich nicht leben! Und du kannst es auch nicht, Alejandro, selbst wenn du heiratest, du wirst schon sehen. Heirate klug, nicht dumm. Heirate eine hässliche Frau, wenn du es fertigbringst, und wenn sie hübsch ist, sieh zu, dass sie dumm ist, obwohl das meistens der Fall ist … Du verstehst das noch nicht alles, aber eines Tages wirst du es verstehen.«

Sie unterwies ihn, als wäre sie eine Schule der Sitten, der Moral, der Liebe, der Heuchelei und des Opportunismus. Er war ihr Protegé, ihr Sohn, Liebhaber und Ehemann, denn eines Tages würde er wissen müssen, wie man ein Ehemann ist, was sich beträchtlich von der Kunst unterscheidet, ein Liebhaber zu sein. Sie überwachte seinen neuen Haarschnitt, betonte die Wellen hinten und an den Schläfen und schuf mit einem ordentlichen Haarschopf, der ihm leicht in die Stirn fiel, ein Gleichgewicht zur Rundung des Schädels. Sie nötigte ihn dazu, sich mit englischer Zurückhaltung zu kleiden, lehrte ihn zahllose Manieren für die unterschiedlichsten Orte und Anlässe, und alles, ohne ihn zu beschämen, denn es gelang ihr sogar, ihm dabei zu schmeicheln. Und Alejandro lernte so leicht und vergnügt wie jemand, dessen Leben Leichtigkeit und Vergnügen gewidmet ist und dem Vergnügen, das man anderen bereitet. Er erblühte zusehends. Die Gräfin und die tropische Sonne streichelten ihn. Er streichelte die ganze Welt. Glückseligkeit! Wie konnte sie ihn so glücklich machen, fragte er sich, wenn sie tausendmal am Tag an ihm herumkrittelte, ihn beim Lügen ertappte, ihm irgendeine Kleinigkeit einbläute wie eine Lehrerin? Und doch hatte er den Eindruck, als schriebe sein Glück sich mit jeder Bewegung seines Körpers wie eine unsichtbare Zeichnung in die Luft ein. War das nicht der Grund, dass alle ihn am Strand begafften? Sogar Männer, die ihn sonst immer verabscheuten, genossen es heimlich, ihm dabei zuzusehen, wie er sich vergnügte. Seine Gestalt hob sich einen Augenblick vom hellblauen Wasser ab, wenn er nach der Gräfin Ausschau hielt; er wusste, dass sein eiliger Lauf den Strand entlang zu der älteren Frau, die zweifellos nicht seine Mutter war und die er so sehr zu verehren schien, viele Gespräche eröffnete.

Zwei blonde Amerikanerinnen warfen im Hotel ihre Netze nach ihm aus, doch Alejandro geriet nicht in Versuchung, die Gräfin zu betrügen. Er verbrachte die Abende bei ihr, meist in weißen Leinenhosen (die Gräfin sah ihn gerne in weißem Leinen) und einem dunkelgrünen oder blauen Sporthemd, eines ihrer seidenen Taschentücher um den Hals geschlungen, und hörte ihr zu und sprach mit ihr, als wäre sie die einzige Frau auf der Welt. Die Leute im Hotel konnten sich nicht vorstellen, wie ihre Beziehung beschaffen war, aber wie gern beobachteten sie sie!

Alejandro machte sich nicht die Mühe zu überlegen, ob er in die Gräfin verliebt war; vielleicht lag das daran, dass seine Gefühle sechzehn Jahre lang so falsch gewesen waren, dass er auf diese Frage keine ehrliche Antwort zu geben gewusst hätte. Er schrieb seinen Freunden daheim im Dorf Postkarten, die von seinem luxuriösen, sorglosen Leben erzählten, davon, wie wollüstig La Condesa war, und natürlich von den vielen neuen Eroberungen, die er machte. Er schrieb auch an Concha, seine erste Liebe, die jetzt mit Antonio verlobt war, und schickte ihr ein Halsband aus kleinen grauen Muschelschalen, das er für zwei Pesos von einem Hausierer kaufte.

Nach sechs Wochen fand die Gräfin fast nichts mehr an ihm auszusetzen. Das Abschleifen mit Sandpapier sei vorbei, sagte sie zu ihm. Nun kam der Feinschliff. Jetzt lernte er, mindestens eine unwiderlegbare Bemerkung über Themen wie abstrakte Kunst, Neger in den USA, Kommunismus in Lateinamerika und Wagner-Opern zu machen.

»Ich will nicht, dass du noch länger Fremdenführer bist«, sagte die Gräfin eines Tages in dem geistesabwesenden Ton, der bedeutete, dass sie mit ihren Gedanken schon weit vorausgeeilt war. »Du solltest Manager eines anständigen Hotels in deinem Dorf sein.«

Alejandro gab eine ausweichende Antwort. Er war viel zu sehr mit seinem Glück beschäftigt, um sich über Arbeit oder die Zukunft den Kopf zu zerbrechen.

Die Gräfin wandte sich erbost vom Fenster ab. »Du

sollst nicht faul sein! In dir ist die idiotische Faulheit deines idiotischen Landes, und wenn du dich davon nicht lösen kannst, dann können wir uns auf der Stelle trennen! … Ja, in deinem Land wimmelt es von dummen Idioten! Deine Eltern zum Beispiel – natürlich weiß ich über deine Eltern Bescheid, du Dummkopf! Ohne mich wärst du wie sie! Streite es bloß nicht ab!« Sie schüttelte ihn grob an den Schultern. »Du wirst nicht zu einem faulen, fetten Trottel werden, sondern du wirst es zu etwas bringen! Verstanden?«

Alejandro stand auf, verbeugte sich, wie sie es ihm beigebracht hatte, und murmelte: »Die Frau, die ich liebe, macht das Unmögliche möglich.«

»Und das ist keineswegs etwas Unmögliches, du Schlaumeier, das weißt du ganz genau.« Die Gräfin lächelte.

Am nächsten Morgen kam sie nicht zu ihm an den Strand, nachdem sie wie üblich nach dem Frühstück ihre Post erledigt hatte. Alejandro ging zum Hotel zurück und erfuhr, dass sie abgefahren war. Zitternd öffnete er den Umschlag, den der Portier ihm überreichte; er war sich der jämmerlichen Figur bewusst, die er vor dem Portier und den zwei blonden Amerikanern in seiner Nähe abgab, des tragischen Ausdrucks auf seinem jungen Gesicht und der neuen blauen Geldscheine, die er auf den Boden flattern ließ. Ein kurzer Brief, von vielen Zärtlichkeiten unterbrochen, teilte ihm mit, dass sie mit dem Manager des Hotels in seinem Dorf gesprochen habe, in dem sie gewohnt hatte, und dass so gut wie sicher sei, dass er dort an der Rezeption arbeiten könne – über ihm gebe es, schärfte sie ihm ein, nur den Manager. Die Hotelrechnung in Acapulco war für fünf

Tage im Voraus beglichen; er solle die Zeit genießen und nicht an sie denken, sondern sie mit einer anderen vergessen, wenn er wollte. »Wie eigenartig, dass ich ausgerechnet in Mexiko auf jemanden treffen sollte, der mir so ähnlich ist! Ich wünsche Dir alles Gute und danke Dir, mein Herz! Aber versuche nicht, mir anders zu danken, als indem Du ein paar der Dinge, die ich Dir beigebracht habe, nicht vergisst. Glaube nie, dass Du mich wiedersehen kannst, und glaube nie, dass ich Dich vergessen werde. Deine Paula, Gräfin Lomolkov.«

Die letzten zwei Wörter hatte sie unterstrichen.

Alejandro fühlte sich zu einsam, um zu bleiben. Undeutlich ahnte er, dass er sie mehr liebte, als er sich eingestanden hatte, und dass er diese Erkenntnis nicht ertragen konnte, und deshalb nahm er den Bus zu seinem Dorf zurück. Erneut tat die Welt sich ihm auf der Bergstraße weit auf. Der Welt fühlte er sich eher gewachsen als dem Verlust der Gräfin. Er musste den Blick nach außen wenden, gefährlich leben, wie sie es gesagt hatte. Vor Einbruch der Nacht hatte er mit Señor Martinez, dem Manager des Hotels, gesprochen. Alejandros Auftreten, seine Englischkenntnisse – selbst Señor Martinez sprach kaum Englisch – gaben den Ausschlag. Señor Martinez, ein schüchterner, ernsthafter Mann mit dem dringenden Wunsch, sein Hotel zu amerikanisieren, hatte sich mit der Gräfin am Telefon darüber geeinigt, dass ein Mann, der Englisch sprach, an der Rezeption von Vorteil wäre. Alejandro war also der vielversprechende junge Mann, den sie ihm angekündigt hatte. Alejandros Ruf hätte ihn die Stelle kosten können, wenn der Manager nicht dank seiner klösterlichen Lebensweise völlig ahnungslos gewesen wäre.

Im Hotel trug Alejandro entweder weißen oder grauen Flanell und hatte stets eine rote Blume im Knopfloch. Es war seine Aufgabe, die Gäste zu begrüßen, sich darum zu kümmern, dass ihre Zimmer in Ordnung waren, dass ihre Frühstücksbestellungen korrekt ausgeführt waren, bevor das Tablett die Küche verließ, und hin und wieder einsame weibliche Gäste auf Rechnung des Hotels zum Cocktail einzuladen. Gewandt eilte er durch das zweistöckige Gebäude mit Patio, brachte eine Vase mit Bougainvilleen in einen Raum und rohes Fleisch für den Hund in einen anderen, ersetzte kleine Glühbirnen durch größere und vermittelte jedem Gast das Gefühl, nur für ihn oder sie da zu sein. Nie beklagte sich jemand über Alejandro, und es regnete Trinkgelder und Lob via Señor Martinez als Mittelsmann. Als einige der Freunde des Managers bemerkten, Alejandro habe offenbar auf den Pfad der Tugend zurückgefunden, wusste der Señor nicht, was sie damit meinten.

Alejandro verdiente nicht ganz so viel wie in seiner Zeit als Fremdenführer, doch seine neue Stellung war mit größerer Würde verbunden; und auf Würde, hatte die Gräfin ihm erklärt, legten amerikanische Frauen, die erwogen, einen Mexikaner zu heiraten, großen Wert. Seit er im Hotel arbeitete, war sein Ehrgeiz, eine Amerikanerin zu heiraten, noch größer als früher. Seine Voraussetzungen waren jetzt so viel besser. Er wollte um jeden Preis Erfolg haben.

Nur die wohlhabendsten Frauen kamen in Frage, um von ihm zum Cocktail eingeladen zu werden. Und er verabredete sich mit reichen Frauen, die in anderen Hotels wohnten. Die Rechnungen gingen an Señor Martinez mit dem Vermerk, sie beträfen diese oder jene Señora oder Señorita, die im Hotel wohnte. Oft lud er junge Damen ein, den Abend in einem Hotelzimmer zu verbringen, das zufällig frei war. Diese Betrügereien hätten ewig so weitergehen können, wenn ihm nicht eine Indiskretion unterlaufen wäre, für die ihn die Gräfin erbarmungslos abgekanzelt hätte.

Concha hatte Antonio geheiratet, der inzwischen vierundzwanzig Jahre alt und noch immer nicht aus der Klasse der Fremdenführer aufgestiegen war. Alejandro und Concha trafen sich jeden Samstagabend, wenn Antonio damit beschäftigt war, Touristen durch die Bars zu führen, bis sie um Mitternacht schlossen.

Antonio bemühte sich, ihren vierzehnjährigen Cousin Pancho zum Fremdenführer auszubilden, und hatte viel zu tun. Pancho folgte ihm überallhin, sogar an Samstagabenden, und da er so ernsthaft und einfältig wie Antonio war, wusste Alejandro, dass er das Gleiche werden würde wie er – ein ganz passabler Fremdenführer, doch ohne jede darüber hinausgehende Zukunftsperspektive.

Alejandro und Concha hatten einander gern, ohne im Geringsten verliebt zu sein. Es machte ihnen einfach Spaß, sich an ihre Kinderliebe von vor sechs Jahren zu erinnern. Concha lachte gerne, und mit Alejandro konnte man viel mehr lachen als mit Antonio. Und Alejandro fand es amüsant, seinem Bruder Hörner aufzusetzen.

Es war Conchas Geburtstag. Señor Martinez war geschäftlich nach Mexico City gefahren, wo er übernachten würde, und zufällig war die Hochzeitssuite des Hotels frei. Alejandro hielt es für einen witzigen Einfall, Concha einzuladen. Concha zeigte sich von der Idee begeistert. Sie und Alejandro bezogen die Suite, bestellten telefonisch

Rum und Toast mit saurer Sahne und taten so, als wären sie frisch verheiratet. Und als sie um halb zwölf die Treppe herunterkamen, sahen sie niemand anderen als Señor Martinez an der Rezeption. Alejandro sagte: »*Buenas noches, señor*«, wie ein Gentleman und brachte Concha nach Hause, doch er wusste, dass es mit seiner Stellung vorbei war. Señor Martinez wusste, dass Concha verheiratet war und im Dorf lebte. Den Portier hätte Alejandro bestechen können, nicht aber Señor Martinez, und dieser würde ihm nie verzeihen. Noch in derselben Nacht wurde Alejandro entlassen.

Er war zu optimistisch, um zu fürchten, Antonio könne durch Señor Martinez von der Sache erfahren, doch er investierte über tausend Pesos, um den Hotelangestellten den Mund zu stopfen. Ein paar Tage lang war er nervös und übellaunig. Er fürchtete sich ein wenig vor seinem Bruder, obgleich er keine Veränderung an ihm entdecken konnte, wenn er ihn hin und wieder auf der Plaza beobachtete. Und wenn ihm der Gedanke kam, Antonio könne etwas unternehmen, verscheuchte er ihn, wie er jeden Gedanken an seine Familie verscheuchte – seit seiner Rückkehr aus Acapulco hatte er im Hotel gewohnt –, weil Antonio letztlich so dumm und unfähig war wie seine Eltern. Unterdessen war Alejandro zu einer Amerikanerin gezogen, die im Dorf wohnte und an seelischer Verkümmerung litt, weil ihr junger mexikanischer Ehemann sie vor kurzem verlassen hatte. Alejandro hatte sie früher schon oft besucht, und er konnte bei ihr wohnen, so lange es ihm passte.

An einem der Nachmittage, die er im Dorf vertrödelte, nicht lange nach seinem Rauswurf, zu stolz und noch zu wohlhabend, um sich Gedanken über einen Broterwerb zu machen, betrat er müßig eine Buchhandlung an der Plaza und sah Mrs. Kootz. Mrs. Chester Kootz kam jeden Sommer für drei, vier Monate in das Dorf. Sie war Millionärin und Witwe, doch Alejandro hatte sie wegen ihrer Hässlichkeit nie in Betracht gezogen. Ihr Haar war zu einem grauen Knoten aufgesteckt, den man kaum sah vor grauen Strähnen, die sich herausgelöst hatten und wie graue Fetzen herabhingen. Ihre Kleidung war ebenfalls durchwegs grau und so formlos, als hätte sie darin geschlafen. Man scherzte über sie, dass sie Jahr für Jahr unter den zehn reichsten Frauen Amerikas aufgelistet werde und als jemand, dem man dies nicht ansah, umso reicher sein müsse, weil sie kein Geld für Luxus ausgab.

In seiner Verbitterung machte Alejandro Mrs. Kootz in der Buchhandlung dreist schöne Augen. Mrs. Kootz sah ihn an, zog an ihrer Zigarette und wählte ein Buch aus. Sie kannte Alejandro vom Sehen, seit er ein kleiner Centavo-Bettler an der Bushaltestelle gewesen war. Alejandro schmunzelte keck vor sich hin und schlenderte im Kielwasser der ausgetretenen Halbschuhe von Mrs. Kootz aus dem Laden. Sie betrat die Gasse, die zu dem großen Haus führte, in dem sie immer wohnte. Doch der Weg war so steil, dass Alejandro träge kehrtmachte, sich auf eine Bank im Schatten der Platanen an der Plaza lümmelte, die Finger über seinem flachen Bauch verschränkte und ein wenig döste, eingelullt vom Summen spanischer Stimmen ringsum und den schrillen Rufen spielender Kinder.

Der Gedanke kam ihm mitten in einem kleinen Traum: Er genoss irgendein herrliches Vergnügen, weil er mit Mrs.

Kootz und ihrem Geld verheiratet war. Der Traum verging, doch der Gedanke blieb. Er würde Mrs. Kootz den Hof machen und sie zu heiraten versuchen. Bei dieser Vorstellung musste er kichern. Aber würde die Gräfin darüber lachen? Alejandro verließ den Schatten der Platanen, wie Gautama seinen Bodhibaum verlassen hatte: mit einem Vorhaben.

Gegen sechs Uhr an diesem Abend schaute Alejandro zum Balkon einer Bar an der Plaza hoch und sah Mrs. Kootz allein an einem Tisch sitzen und einen ihrer Brandys trinken. Er stieg die Treppe hoch, ohne sich vorher mit dem Kamm durch die Haare zu fahren oder seinen Hemdkragen mit den Daumen zu glätten, was er sonst tat, bevor er zum Angriff überging. Er schritt sofort auf ihren Tisch zu und fragte, ob er sich zu ihr setzen dürfe.

Sie zog an ihrer Zigarette, sah ihn aus zusammengekniffenen Augen an und deutete dann auf den Stuhl gegenüber.

Alejandro verwendete jetzt eine andere Taktik als am Nachmittag. Nun war er ganz Gentleman, wie es ihm die Gräfin empfohlen hätte. Er benahm sich, als säße ihm die elegante Gräfin gegenüber und nicht die hausbackene Mrs. Kootz. Er fragte sie, wie ihr Aufenthalt ihr gefalle, und sie erwiderte, nicht besonders, sie komme jedes Jahr wegen ihres Asthmas. Sie erwähnte ihr Leiden kurz und mit unweiblicher Offenheit. Sie spielte mit dem Gedanken, ein Haus im Dorf zu kaufen, was nicht möglich war, weil sie weder Mexikanerin war noch ihren ständigen Wohnsitz hier hatte. Das ermöglichte ihm die Bemerkung, dass sie ein Haus auf den Namen ihres Mannes kaufen konnte, wenn sie einen Mexikaner heiratete, doch sogar in seinen eigenen

Augen war das so unverblümt, dass er es nicht über die Lippen brachte.

»Kennen Sie die Gräfin Lomolkov?«

Mrs. Kootz schüttelte den Kopf. »Wer ist das?«

»Eine Dame, die im Frühjahr hier war. Sie kommt auch aus New York. Wir waren einen Monat lang zusammen in Acapulco.«

Mrs. Kootz erwiderte nichts.

Alejandro plauderte fast eine Stunde lang über dies und jenes, doch sein Charme schien an ihr abzuprallen. Mrs. Kootz trank nur Brandy auf Brandy und nippte zum Abschluss an einem Glas Carta Blanca. Dann brummte sie irgendetwas über die Flöhe in ihrem Ledersessel, die sie bei lebendigem Leib auffraßen, und dass sie gehen wolle. Er begleitete sie nach Hause und reichte ihr bei Schlaglöchern den Arm. Er wartete an ihrer Tür, in der Hoffnung, zum Abendessen eingeladen zu werden.

»Gute Nacht«, sagte sie, ohne sich umzusehen.

Alejandro machte fröhlich kehrt; er dachte an den Hundert-Peso-Schein, einen unter vielen in ihrer großen abgenutzten Krokodillederbrieftasche, den sie hervorgeholt hatte, um zu zahlen. Selbstverständlich hatte er bezahlt. Mit Kennerblick taxierte er ihr dunkelgrünes Kabriolett, das auf der Gasse geparkt war, mit mexikanischem Schmutz bespritzt, unter dem die Fünfunddreißigtausend-Peso-Karosserie noch immer sichtbar war.

Auf der Plaza sah er Antonio und Pancho. Antonio kam mit ausgestreckter Hand auf ihn zu.

»Von deiner Mutter«, stieß Antonio auf Spanisch hervor, während er einen Bogen um ihn machte, als wolle er sich nicht beschmutzen, indem er ihn berührte. Selbst Pancho hatte sich damit begnügt, ihm zuzunicken.

Alejandro sah den Gegenstand an, der auf seine Handfläche geworfen worden war. Den Rosenkranz mit dem kleinen silbernen Kreuz kannte er. Seit mehr als zwei Monaten hatte er sich zu Hause nicht mehr blicken lassen, und seine Mutter machte sich offenbar Sorgen um sein Seelenheil.

Mit einem großen Strauß roter Jasminblüten suchte Alejandro am nächsten Tag um elf Uhr vormittags Mrs. Kootz auf. Ein mexikanisches Mädchen öffnete das Tor und ging fragen, ob Mrs. Kootz ihn sehen wolle. Schließlich kam Mrs. Kootz persönlich langsam die Steinplatten des Weges entlang, im selben Kleid, das sie gestern getragen hatte, und kniff wegen des Sonnenlichts und des Zigarettenrauchs die Augen zusammen. Ihr Zeigefinger steckte in Guizots *Geschichte Frankreichs*.

»Was gibt's?«, fragte sie mit heiserer Stimme.

»Guten Morgen«, sagte er lächelnd und drehte den Strauß hin und her. »Ich möchte Sie bitte einen Augenblick sprechen. Drinnen?«

Sie sah ihn an. »Kommen Sie rein.«

Er folgte ihr die Stufen zum Eingangsraum empor und in ein großes sonniges Zimmer mit gefliestem Boden, auf dem Matten verteilt waren, und mit einladenden Winkeln, die Bücher und Leselampen und mexikanische Lederlehnstühle enthielten. Mrs. Kootz ging zu einer dieser Ecken, wo sie gesessen hatte, wie ein voller Aschenbecher und eine offene Brandyflasche verrieten.

»Was zu trinken?«, fragte sie, indem sie ihr Glas nachfüllte.

Alejandro schüttelte den Kopf. »Die sind für Sie.« Er näherte sich mit dem Blumenstrauß und überreichte ihn mit einer Verbeugung.

Sie nahm die Blumen, als hätte sie sie bisher nicht wahrgenommen. »Danke«, sagte sie überrascht. »Juana?« Als das Mädchen erschien, gab sie ihr die Blumen und deutete auf eine Vase, die in der Nähe stand. »*Aguaah.*«

Das Mädchen begann die Tamarindenschoten aus der Vase zu entfernen.

»Nein, nicht die«, sagte Mrs. Kootz gereizt. »Suchen Sie eine leere.«

Das Mädchen sah sie verständnislos an.

Alejandro sagte schnell und scharf ein, zwei spanische Sätze, und das Mädchen verließ sofort das Zimmer.

Mrs. Kootz starrte ihr nach, sagte »Mist« und kippte den Brandy. Sie steckte sich eine neue Zigarette in den Mund, doch bevor Alejandro ihr Feuer geben konnte, hatte sie am Daumennagel eines der amerikanischen Streichhölzer angerissen, die sie immer bei sich trug.

»Mögen Sie Wagner?«, fragte Alejandro, der in einer Wagner-Biographie auf dem Tisch blätterte.

»Teilweise. Seine Lieder.« Sie setzte sich schwerfällig in ihren Sessel.

»Mir ist seine Musik zu laut«, sagte Alejandro preziös.

Mrs. Kootz sah ihn an, wie sie die Blumen angesehen hatte. »Wie heißen Sie noch mal?«

»Alejandro. Alejandro Palma, zu Ihren Diensten.« Er verbeugte sich nochmals und setzte sich behutsam auf die Armlehne eines Sofas. »Wissen Sie, warum ich Sie aufgesucht habe, Mrs. Kootz?«

»Warum?«

Er stand auf. Ein amüsiertes Lächeln war ihm gegen seinen Willen auf die Lippen getreten, und er beugte den Kopf. »Weil ich in Sie verliebt bin.« Er war zu der Ansicht gelangt, dass die schlichteste und direkteste Methode die beste war. »Ich bewundere Ihren Verstand, Ihre –« Doch was konnte er schon über sie sagen, über dieses Scheusal?

Mrs. Kootz stand ebenfalls auf, traf Anstalten, sich einen weiteren Brandy einzuschenken, und ging stattdessen auf die Veranda hinaus; das war die einzige Verlegenheitshandlung ihres Lebens, an die sie sich erinnern konnte.

Alejandro war im Nu neben ihr und zwängte seinen schmächtigen Körper in ihre Arme. Er küsste sie, bevor sie sich genug gefangen hatte, um ihn wegzustoßen, und küsste sie ein zweites Mal.

Ein paar Meter unter und vor ihnen schaute ein Mädchen namens Hermelinda Herrera von seiner offenen Terrasse hoch, wo es Kaugummi kaute und die letzte Ausgabe von *Hoy* las, und traute seinen Augen kaum: der »Schwerenöter« Alejandro, der die Señora Kootz *muy caliente* küsste, und die Señora, der das gut zu gefallen schien! Am selben Nachmittag erfuhr es das ganze Dorf.

Niemand hätte es geglaubt, wenn Alejandro und die Señora nicht später so häufig zusammen gesehen worden wären. Spielten sie etwa mit dem Gedanken zu heiraten? So zogen Alejandros mexikanische Freundinnen ihn auf, und er sagte ihnen ganz offen, dass er beabsichtige, die Señora zu heiraten, und zwar wegen ihrer Millionen von Pesos. Er erzählte es den Fremdenführern auf der Plaza und seinen Freunden in Cesars Cantina. Ob das Gerücht bis zu Mrs.

Kootz drang, bevor er die Heirat unter Dach und Fach hatte, kümmerte ihn nicht. Es würde wie typischer Klatsch klingen und konnte ihm sogar nützen: Es war zähe Arbeit, Mrs. Kootz davon zu überzeugen, dass eine Heirat zwischen ihnen im Bereich des Möglichen lag, dass jemand sie lieben und zur Frau wollen konnte. Mrs. Kootz hatte mehr oder weniger vergessen, dass sie ein menschliches Wesen war, doch er brachte ihr bei, sich daran zu erinnern. Dass die Brücke zwischen den beiden Sprachen überquert werden würde, war jedoch unwahrscheinlich. Nur die Mexikaner zerrissen sich den Mund; Mrs. Kootz hatte keine mexikanischen Freunde, und ihre Bekanntschaft mit einigen wenigen Amerikanern beschränkte sich auf das Grüßen.

In einer kleinen Dorfkirche wurden sie getraut, mit dem traditionellen zeremoniellen Tausch von zwei Ringen und dreizehn Silberstücken, die die Vereinigung ihres weltlichen Besitzes versinnbildlichten. Antonio sah Alejandro nicht einmal mehr an, wenn sie einander begegneten, und Concha beäugte ihn nur verstohlen. Seinen mexikanischen Freunden war er nicht mehr geheuer, und die Furcht vor ihm konnte er ihnen nur nehmen, indem er sie betrunken machte.

Als Erstes kaufte Señora Palma auf Alejandro Palmas Namen das Haus, das sie seit so vielen Jahren von Ysidro Barrera gemietet hatte, dem Inhaber eines Geschenkartikelladens im Dorf. Aus New York und Mexico City kamen Innenarchitekten und stritten sich über die Verwendung der Berge von Möbeln und Vorhängen, die Señora Palma bestellt hatte, und als sie sich endlich an die Arbeit machten, hätte man meinen können, sie seien bestrebt, ein denkbar abscheuliches Ergebnis zu erzielen, um den anderen die Schuld zuweisen zu können. Das Haus wurde zu einer stadtbekannten Scheußlichkeit, und Señora Palma gestattete gaffenden Touristen, zweimal täglich in Begleitung von Führern hindurchzutrampeln, die ihnen erklärten, es handele sich um ein Musterbeispiel »luxuriöser Verschönerungen« jener Amerikaner, die sich im Dorf niedergelassen hatten, was zutraf, und es sei von erlesenstem Geschmack, was die meisten glaubten. Señora Palma war geschmeichelt, wie sie es durch Alejandros Aufmerksamkeiten gewesen war. Sie hatte sich aus ihrer Introvertiertheit gelöst, und eine Zeitlang vergaß sie Gibbon, Toynbee, Guizot und Prescott über den Plänen für ihr Haus und die für den Herbst geplanten Flitterwochen. Sobald sie das Haus unbesorgt der Obhut von drei Dienstmädchen überlassen konnten, die jede zweihundert Pesos im Monat verdienen würden, wollten sie und Alejandro in dem grünen Kabriolett nach Mexico City, New Orleans, Charleston, New York, in den Westen der USA, nach San Francisco und zurück nach Hause fahren, sich amüsieren, wo es etwas zum Amüsieren gab, und nach Lust und Laune Geld ausgeben. Sie hatte nicht gewusst, wie vergnüglich es sein kann, Geld zu haben, bis Alejandro ihr gezeigt hatte, wie man es ausgab. Sie hatte nie gewusst, was für ein Vergnügen die Gesellschaft eines anderen sein konnte und was es hieß, geliebt zu werden. Und sie war stolz auf ihn: Er sah gut aus, und sein gepflegtes Auftreten erfüllte sie mit Erschrecken und Ehrfurcht. Am meisten – und als jemand, der zur Selbsterforschung neigte, erkannte sie es und erkannte es an – gefiel ihr die Neuheit all dessen, der Umstand, dass er Mexikaner war, dass er so jung war, dass er es aller Wahrscheinlichkeit zum Trotz mit seinem lächerlichen Ehrgeiz, seinem Getue eines kosmopolitischen Gentlemans so weit gebracht hatte. Und seine Wissensbröckchen über die Negerfrage, Wagners Musik und die russische Geschichte! Unter anderen Umständen hätte so viel Zielstrebigkeit ihn zu einem Napoleon, einem Henry Ford machen können. Als Historikerin achtete sie seine Unbeirrbarkeit.

Während der Vorbereitungen für die Reise amüsierte Alejandro sich nach Herzenslust im Dorf. Er lud ganze Cantinas ein, kaufte Andenken aus Silber und Leder für mexikanische Freundinnen und viele neue amerikanische Mädchen. Um wie viel leichter waren die amerikanischen Mädchen jetzt zu haben, da seine maßgeschneiderte Kleidung über die Plaza hinweg verkündete, dass er reich war! Jetzt gab es tatsächlich keine Grenzen für das, was er ausgeben konnte. Mit verträumtem Lächeln betrachtete er die fünfstelligen Zahlen in den Sparbüchern der Señora, ihre Effektenabrechnungen, die Kontoauszüge ihres mexikanischen Bankkontos, das auf ihren und auf seinen Namen lautete. Und auch das Haus, eines der größten im Ort, gehörte ihm. Einem Siebzehnjährigen!

Am Abend vor ihrer Abreise in die Flitterwochen wollte Alejandro Cesar auf einen letzten Tequila mit seinen alten Kumpanen besuchen. Als er die Gasse von der Plaza entlangkam, hörte er die Jukebox der Cantina. Sie spielte ein fröhliches Ranchero-Lied, das er mochte, und er sang laut mit:

»¿Quién dijo miedo, muchachos?
¡Si, para morir nacimo-o-os!
¡Traigo mi cuarenta y cico
Con sus cuatro cargadores!«

Einen Augenblick lang stand er in der Tür der Cantina und lächelte alle an. Betrunkenes Grölen begrüßte ihn, und viele standen auf und breiteten die Arme aus, denn selbst wenn er nicht ihr bester Freund war, hatte er Geld und würde alle einladen. Als die Jukebox zu spielen aufhörte, stimmte ein Mariachi-Spieler in der Ecke auf seiner Gitarre ein schnelles, ausgelassenes Lied an.

Und dann sah Alejandro seinen Bruder Antonio an einem der kleinen Tische. Seine Miene war als einzige freudlos. Antonio war betrunken; neben ihm saß Pancho, dessen ernstes Gesicht mit gerunzelter Stirn bekümmert dreinblickte. Antonios Anwesenheit in diesem Lokal war so ungewohnt, sein Zustand so erschreckend, dass Alejandro unschlüssig zögerte.

Dann stand Pancho auf, die Hände in den Taschen, noch immer mit gerunzelter Stirn, steuerte auf die Jukebox zu, die sich zur Rechten Alejandros befand, und machte dabei Alejandro verstohlen ein Zeichen, er solle die Tür verlassen. Alejandro trat auf die Gasse zurück.

»Geh nach Hause!«, flüsterte Pancho. »Zu deinen Eltern! Nimm den Weg am Barranca entlang!«

»Alejandro, kommst du rein?«, rief jemand.

Alejandro winkte zum Abschied allen zu, immer noch lächelnd, und ging die Gasse zurück. Er sollte zum Haus seiner Eltern gehen und das auch noch über die Hinterhöfe? Nicht in der Nacht vor der großen Reise. Er legte keinen Wert darauf, sich mit Antonio zu schlagen, und deshalb hatte er auf den Besuch bei Cesar verzichtet, aber in das Dreckloch zurückgehen, in dem seine Eltern lebten?

Es geschah am Fuß der steilen Gasse, die zu seinem großen Haus führte. Zwei Gestalten traten aus dem Schatten, nur Zentimeter von seinen Schultern entfernt, und stachen gleichzeitig auf seinen Rücken ein. Der Stoß warf ihn fast zu Boden, und als er sich schwankend aufrichtete, spürte er, dass er ohnmächtig wurde.

»He!«, rief er, doch sie waren schon verschwunden, geflohen.

Dann kam das Kopfsteinpflaster auf ihn zu und schlug in sein Gesicht. Er kroch über den Boden, versuchte sich aufzurichten, murmelte Hilferufe, Rufe nach irgendjemandem. Dann, nach langer Zeit, kamen zwei Männer, die ihm aufhalfen und mit lauter Stimme Fragen stellten.

»Zum Haus meiner Eltern«, sagte Alejandro so schwach, dass es wie ein Flüstern klang. Er deutete mit der Hand in eine Richtung und sprach spanisch. Er starb. Daran gab es keinen Zweifel. Er starb, und es würde keine Flitterwochen geben, keine Pesos mehr zum Ausgeben, keine amerikanischen Mädchen mehr. Als die Männer ihn forttrugen, dachte er an Antonio, der in Cesars Cantina am selben Tisch saß, an dem er und La Condesa…

Seine Mutter, die ihn in der Hütte entkleidete, entdeckte die Einstichwunden an seinem Rücken. Sie rief ihren Mann herbei, der draußen gewartet hatte, während sie den Leichnam auszog und wusch. Als ihr Mann die Tür öffnete, ertönte amerikanische Tanzmusik lauter vom Hotel auf dem

Hügel. Sie deutete auf die zwei winzigen Blutstropfen zu beiden Seiten von Alejandros Wirbelsäule. Er war mit Dolchen getötet worden, deren Klingen eckig geschliffen und gekerbt waren, sodass das Fleisch sich wieder schließt, wenn sie herausgezogen werden, und fast kein Blut austritt. Unter das Schluchzen der Mutter mischte sich die amerikanische Tanzmusik. Zuletzt ging der Mann zum Fenster und schloss den Laden, doch die Musik drang immer noch herein.

Ein paar Minuten später hörten sie schüchternes Klopfen. Alejandros Mutter öffnete misstrauisch, eine Kerze in der Hand. Sie erblickte eine Amerikanerin, eine sehr hässliche Amerikanerin von etwa fünfzig Jahren.

»Was wünschen Sie?«, fragte sie höflich.

»Ist Alejandro hier?«, fragte die Frau mit schwerem Akzent.

Die Mutter zögerte. »Er ist hier. Wer sind Sie, wenn ich das fragen darf?«

Sie wusste, wie man es auf Spanisch sagte. Sie wusste es noch von ihrem Hochzeitstag. »Ich bin seine Frau«, sagte sie.

Und da hob Alejandros Mutter die Hände, die Kerze fiel zu Boden, und sie stieß einen Klagelaut, einen Wahnsinnsschrei aus, der bis ins Dorf ertönte und in den schwarzen Bergen hallte und widerhallte.

Elisabeth Ambras

Die Zunge

Über gewisse Dinge spricht man nicht. Ich bin jedenfalls so erzogen worden. Aber vielleicht haben Sie recht, vielleicht sollte man von jeder Regel eine Ausnahme machen. Sie müssen mir nur eines versprechen: Elvira darf nichts davon erfahren. Sie ist sehr eigensinnig, müssen Sie wissen, und wenn sie erführe, dass ich meine kleinen Sünden gebeichtet habe, noch dazu einer Fremden – ich bin sicher, sie würde das als Verrat betrachten, obwohl es schließlich nicht ich war, die den Stein ins Rollen gebracht hat. Aber vielleicht ist sie gerade deshalb so empfindlich. In meinem Alter sieht man manches etwas gelassener. Ich hoffe nur, Sie werden nicht schockiert sein.

Dabei hat die ganze Geschichte ziemlich banal angefangen. Ich bin früher immer allein verreist. Mein Mann ist schon früh gestorben. Das ist jetzt, lassen Sie mich nachrechnen, ja, es ist schon sechzehn Jahre her. Ich war es gewohnt, allein im Restaurant zu sitzen, ich machte mir nichts daraus, dass hie und da der Kellner die Augenbrauen hob, und ich wurde auch mit den alleinstehenden älteren Herren fertig, die es nicht lassen konnten, mich anzusprechen, im Casino oder am Strand.

Umso überraschter war ich, als mich, in dem abgelegenen Hotel an der Nordküste von Sardinien, wo ich jeden Sommer Urlaub mache, diese junge Person ansprach. Ich schätzte sie auf Anfang zwanzig, gute Manieren, sehr schlank. Offenbar war sie ebenfalls allein – eine ungewöhnliche Erscheinung, denn normalerweise halten es jüngere Leute an so einem Ort nicht ohne ihresgleichen aus. Vielleicht, dachte ich, hat sie sich mit ihrem Freund überworfen, oder sie arbeitet für eine Fluggesellschaft. Etwas in der Art. Sie fragte mich einfach, ob ich etwas dagegen hätte, wenn sie an meinem Tisch Platz nähme. Wir unterhielten uns über Belanglosigkeiten, den Service im Hotel, die Eigentümlichkeiten der Insel und ihrer Leute, lauter unverbindliche Dinge. Dann, beim Nachtisch, erzählte sie mir, dass sie Tennis spiele, wenn auch nicht besonders gut. Sie habe keinen Partner gefunden. Die jungen Männer auf dem Platz, sagte sie und lachte ein wenig dabei, seien ihr lästig. Die Eitelkeit der Italiener ginge ihr auf die Nerven. Außerdem seien sie wie die Kletten. Nun müssen Sie wissen, dass ich früher viel gespielt habe, wenn ich auch im Lauf der Zeit etwas aus der Übung gekommen bin. Wenn Sie mit mir vorliebnehmen wollen, sagte ich … Sie schien begeistert zu sein. Wir verabredeten uns für den nächsten Morgen auf dem Platz.

Ich war pünktlich zur Stelle – ich bin immer pünktlich. Zuerst dachte ich, sie hätte sich verspätet, aber als sie nach einer Viertelstunde immer noch nicht aufgetaucht war, wurde ich ärgerlich. Ich hatte keine Lust zu schwimmen und fuhr nach Alghero, um ein paar Sachen einzukaufen. Als ich ins Hotel zurückkam, war es schon Abend. Ich ging gleich ins Restaurant. Ich erinnere mich, dass ich sehr hungrig war. Wie immer setzte ich mich an meinen Tisch am Fenster und las die Zeitung, die ich mitgebracht hatte.

Es dauerte nur ein paar Minuten, da tauchte sie wieder auf, genau wie am Abend zuvor. Sie trug eine große, bläuliche Muschel in der Hand, die sie vor mir auf das Tischtuch legte. Sie entschuldigte sich ganz reizend. Die Muschel ist für Sie, sagte sie. Ich habe unsere Verabredung ganz einfach verschlafen. Es war unmöglich, ihr böse zu sein, und wir unterhielten uns glänzend. Ich weiß nicht mehr, worüber wir sprachen. Sie wirkte ausgelassen, und es fiel mir auf, dass sie mehr trank als am ersten Tag. Ihre Augen – sie hatte sehr dunkle, lebhafte Augen – glänzten, und wir blieben ziemlich lange sitzen, bis ich merkte, dass wir die Letzten waren. Schlafen Sie immer so lange?, fragte ich sie zum Abschied. Nein, erwiderte sie ernsthaft. Ich wagte nur nicht, Sie noch einmal zu fragen. Dann also morgen um die gleiche Zeit, sagte ich. Diesmal werde ich vor Ihnen da sein, versprach sie.

Aber als ich am andern Morgen, kurz nach neun, auf den Platz kam, war sie wieder nicht zur Stelle. Diesmal war ich geradezu wütend. Ein junger Engländer sprach mich an, aber ich hatte keine Lust mehr zu spielen. Ich ging auf mein Zimmer zurück, legte mich aufs Bett und versuchte Nightwood von Djuna Barnes weiterzulesen, ein Buch, das ich mir mitgenommen hatte. Aber ich konnte mich nicht darauf konzentrieren, und die dunklen Sätze des Doktor O'Connor gingen mir auf die Nerven. Ich konnte seine ausschweifende Rhetorik nicht ertragen. Ich bin dann noch einmal eingeschlafen, und als ich erwachte, war es ein Uhr mittags. Ich hatte keinen Appetit. Das Mädchen fiel mir wieder ein, und ich wunderte mich, dass ich noch immer zornig auf sie war. Sie hatte mir den ganzen Tag verdorben.

Ich streifte meinen Badeanzug über, warf den Frottee-mantel um und ging hinunter zum Strand. Es gab da eine Stelle, ein paar Meter entfernt, wo die Felsen eine kleine Bucht bildeten und wo man nie einen Menschen traf. Dort pflegte ich zu baden. Auch diesmal war der Ort leer. Die Hotelgäste waren beim Lunch. Ich legte mich auf meinen Mantel und schloss die Augen.

Plötzlich stand sie vor mir, direkt in der Sonne, in einem winzigen Bikini, und ohne die Miene zu verziehen sagte sie: Ich habe von Ihnen geträumt.

Für meine Reaktion gibt es keine Entschuldigung. Gut, sie hatte mich zweimal hintereinander versetzt. Aber das ist doch keine Erklärung! Es ist ja nicht so, dass ich mit vulgä-ren Redensarten um mich werfe, sobald mich jemand är-gert. Was diesen Ausdruck betrifft, so bin ich überzeugt davon, dass er mir nie zuvor über die Lippen gekommen ist, schon ganz und gar nicht aus einem so nichtigen Anlass.

Ich hörte mich also selber sagen, laut und deutlich: Sie können mich am Arsch lecken.

Sie zuckte nicht mit der Wimper. In ihrem Engelsgesicht regte sich nichts. Sie hielt ihre großen schwarzen Augen auf mich geheftet. Dann ließ sie sich, ohne ein Wort zu sagen, neben mir nieder und beugte sich über mich. Ich war ver-wirrt, ich wollte mich entschuldigen, der Satz lag mir auf der Zunge, aber ich brachte kein Wort heraus. Ich sah sie einfach an.

Sie strich mir über die Schultern. Ich spürte ihre Finger-nägel auf meinem Badeanzug. Sie drehte mich sanft zur Seite und zog mir den Stoff vom Leib. Ihre Hände waren an meinen Kniekehlen, ihre Brüste an meinem Rücken, ich glaube, sie hat mich ganz leicht gebissen. Ihr Mund wanderte über meine Rückenwirbel, immer tiefer. Ich lag da und rührte mich nicht. Woher diese Widerstandslosigkeit? Das sieht mir nicht ähnlich, dachte ich noch; es war das Letzte, was ich dachte. Sie hat mich nicht festgehalten. Das war auch nicht nötig.

Ich schloss die Augen und sah ihre Zunge vor mir. Beim Abendessen, am ersten Abend, hatte es Himbeeren gegeben, und jetzt, zwei Tage später, fiel mir wieder ein – ich hatte gar nicht darauf geachtet –, wie sie die Beeren mit der Zunge vom Löffel geholt hatte, mit einer Gier, die mir kindlich erschienen war, so ernst hat sie dabei ausgesehen. Ich sah sie vor mir, diese spitze, kleine, feuchte Zunge, fast so dunkel wie die Himbeeren, und da war sie auch schon, am hellen Tag, ich konnte das Meer rollen hören, zielbewusst suchte sie, ohne Umschweife, eine Stelle, von der noch niemand Notiz genommen hatte, nicht einmal mein Mann – der schon gar nicht –, und sie tat genau das, was ich von ihr verlangt hatte.

Sie kam und ging, stieß vor, hielt inne, zog sich zurück, kehrte wieder, sie dehnte sich aus, wölbte sich, sie glitt und glitt, ja, sie züngelte. Gott sei Dank gibt es dieses Wort. Ich hatte keine Ahnung, dass so etwas möglich war. Es war die reinste Erleuchtung, ja, ich kann es nicht anders nennen, ich half ihr, ich kam ihr entgegen, ich öffnete mich, ich schloss mich, und dann fühlte ich etwas, von dem ich immer nur gehört hatte, und wusste endlich, dass es keine Chimäre war.

Das ist jetzt auf den Tag genau drei Jahre her. Wir feiern also eine Art Jubiläum, einen Geburtstag, wenn Sie wollen.

Sonst hätte ich Ihnen ganz gewiss nichts davon gesagt. Da kommt sie, meine Elvira. Sieht sie nicht atemberaubend aus? Sie könnte meine Tochter sein, nicht wahr? Na ja, in gewisser Weise ist sie das auch. Ich habe sie adoptiert. Wir sind glücklich miteinander. Bitte entschuldigen Sie, aber ich möchte Sie lieber nicht mit ihr bekannt machen. Manchmal ist sie ziemlich eifersüchtig. Nicht, dass ich mich darüber beklagen möchte! Es entzückt mich. Leben Sie wohl, und vergessen Sie bitte, was ich Ihnen erzählt habe.

Kurt Tucholsky

Rheinsberg
Ein Bilderbuch für Verliebte

Seinen eigentlichen Anfang nahm das Abenteuer erst, als sie in Löwenberg ausstiegen. Der D-Zug ruhte lang und dunkel in der Halle unter dem Holzdach – sie durchschritten einen Tunnel, oben, in hellem Sonnenlicht, stand die Kleinbahn, wie aus Holz gefugt, steif und verspielt.

Sie stiegen ein.

»Claire?«

»Wolfgang?«

»Diese Bahn scheint noch lange hier zu stehen… machen wir einen kleinen Spaziergang?«

»Setz dich hin und falte die Hände! Sie geht gleich ab.«

Der Zug ruckte und ruckelte sich gemächlich durch Salatgärten, Hofmauern. Der Horizont flimmerte blendend weiß… War es eine Schönheit, diese Landschaft? – Nein: da standen Baumgruppen, durch nichts ausgezeichnet, das Land wurde wellig in der Ferne, versteckte ein Wäldchen und zeigte ein anderes – man freute sich im Grunde, dass alles da war… Das Maschinchen schnob und klingelte zornig, durch den staubigen Rauch hindurch klingelte es melodisch, wie eine läutende Kirchturmsglocke bei Sturm.

»Wolf, den Reiseführer!«

Sie hatten ihn im D-Zug liegen lassen – er hatte ihn im

D-Zug liegen lassen. Sie hielten, mitten im Walde, auf der Strecke. Die Köpfe heraus; die Beamten waren zurückgelaufen, hatten Schaufeln mitgenommen: die Lokomotive musste Funken ausgeworfen haben, ein kleiner Brand war entstanden…

»Ich will mitlöschen!«

Er kugelte den sandigen Abhang herunter; die Reisenden lachten. Oben stand Claire und verdrehte die Augen.

»Du musst ja…!«

Er kam zurück, ganz bestaubt, lächelnd, glücklich. Er hatte sich wieder einmal betätigt. Die Beamten kamen, stiegen auf, der Zug ruckte an…

»Eigentlich…«

»Na?«

»Ich finde es heiter. Denk mal, mein Papa und mein' Mama sitzen jetzt im Kontor, fahren in der Stadt herum und glauben ihr Töchterchen wohlgeborgen im Schoße der treusorgenden Freundin. Hingegen…«

»Hingegen…?«

»Na, ja, treusorgen sorgst du ja für mich…«

Der Jäger nebenan hatte schon lange in sich hineingelacht. Er saß da, grün, bepackt, schwer und braungebrannt. Man hatte, wenn man ihn sah, die Empfindung von ganz frühen, feuchten Morgen, ein Mann tappt durch den halbdunklen Wald, es riecht kräftig und gut… Das kleine, runde Loch der Büchse guckte unheilverkündend, schwarz und dunkel in die Luft: kleine Kugeln werden herausfliegen, das Reh, auf das es morgen gerichtet wird, lief vielleicht jetzt gerade mit seinen Gefährten zur Quelle, trank und war zierlich im Walde verschwunden… Der Jäger stand auf, stopfte sich eine Pfeife und sagte beim Herausgehen: »Schonzeit, junger Mann, Schonzeit!« – und trampfte lachend davon.

Das Coupé war erfüllt von ihrem Schreien, das die rumpelnden und klirrenden Geräusche übertönen sollte.

Man verständigte sich nur schwer:

»…Sonne weit über das Land…«

»…wie? Sonne reit' über das Land?…«

»…nein… Sonne weeiit… Land… Seh mal: 'ne Akazie! 'ne blühende Akazie, lauter blühende Akazien!«

»Is gar keine, is 'ne Magnolie!«

»Hach! Also wer weiß denn von uns beiden in der Botanik Bescheid? Ich oder ich?«

»'ne Magnolie is es.«

»Meine Liebe, ich müsste bedauern, es mit einem kräftig geführten Schlag gegen Sie nicht bewenden lassen zu können. Alle Wesensmerkmale der Akazie deuten auch bei diesen Bäumen auf eine solche hin.«

»Is aber 'ne Magnolie.«

»Herr Gott, Claire! Siehst du denn nicht diese typisch ovalen Blätter, die weißen, kleinen, traubenförmigen Blütenstiele! – Mädchen!«

»Aber… Wölfchen… wo es doch 'ne Magnolie is…«

Sie erstickte in Küssen.

Dann galt es noch eine Bauersfrau nachzuahmen, die auf der letzten Station hochgeschürzt und breitbeinig stehengeblieben war, um sich vermittels ihres zweiten Unterrocks zu schneuzen. Claire erwies sich hierbei als geschickt und brauchbar. – Endlich kamen sie aber doch an.

Es zeigte sich, dass das Hotel, das sich schon durch einen Anschlag im Zuge als altbekannt und mit einer gepflegten

Küche versehen angepriesen hatte, durch einen Wagen, zwei Pferde und einen Bediensteten vertreten war. Dieser Mann musste die Gepäckstücke holen, die man in Berlin sorgfältig aufgegeben hatte: zwei winzig kleine Köfferchen. Sie wurden verladen; die Reisenden stiegen ein. Sie rutschten auf den schwarzen, hier und da ein wenig aufgeplatzten Wachstuchkissen der Sitze herum; die Fenster klirrten, die beiden machten sich durch weitausladende Handbewegungen verständlich. Der Wagen war leer, die Chaussee staubig und öde. Einige hundert Meter saßen sie manierlich, aber schon an der Ecke, die das Anwesen des Gütlers Johannes Lauterbach und das der Post bilden, lagen sie in lautem Hader, wessen Koffer durch seine Kleinheit am meisten Verdacht erregen werde. Sie nannten diese Reisegegenstände »Segelschweine«, und die Claire rang die Hände, Wolf sei ein Schandfleck. Sie, ihrerseits, wahre das Dekorum. Sie schwatzten fortwährend, die Claire am heftigsten. Ihr Deutsch war ein wenig aus der Art geschlagen. Sie hatte sich da eine Sprache zurechtgemacht, die im Prinzip an das Idiom erinnerte, in dem kleine Kinder ihre ersten lautlichen Verbindungen mit der Außenwelt herzustellen suchen; sie wirbelte die Worte so lange herum, bis sie halb unkenntlich geworden waren, ließ hier ein »T« aus, fügte da ein »S« ein, vertauschte alle Artikel, und man wusste nie, ob es ihr beliebte, sich über die Unzulänglichkeit einer Phrase oder über die andern lustig zu machen. Dass sie Medizinerin war, wie sie zu sein vorgab, war kaum glaubhaft, jedoch mit der Wahrheit übereinstimmend. Sie spielte immer, gab stets irgendeiner lebenden oder erdachten Gestalt für einige Augenblicke Wirklichkeit …

Der Wagen hielt. Während sie ausstiegen:

»Pass auf, Frauchen, wo ist der Koffer mit dem falschen Geld? – Ah da.«

Der Hausknecht ließ den Mund weit offen stehen, sperrte die Augen auf…

Freundlich geleitete sie der alte Wirt in ein Zimmer des ersten Stockwerks. Es war kahl, einfach, blumig tapeziert. Holzbetten standen darin, ein großer Waschtisch, eine Vase mit einem künstlichen Blumenstrauß – an der Wand hingen zwei Pendants: »Eroberung Englands durch die Normannen«, und in gleichartigem Rahmen und symmetrisch aufgehängt »Großpapachens 70. Geburtstag«. Die Tür schloss sich, sie waren allein.

»Claire?«

»Wolfgang?«

»Jetzt weiß ich nicht, sollte ich den Kofferschlüssel zu Hause vergessen haben…?«

»My honey-suckle«, und sie drückte ihm einen heftigen Kuss auf den Mund, während ihr Gesicht rachsüchtig und boshaft erglänzte, und stieß ihn von sich:

»Och, der kleine Jungchen muss ja alles vergess' – psch, psch, psch…« Und man wusste nicht, ob diese Töne eine wiegende Mutter nachahmten oder ganz etwas anderes.

»Pack aus, mein Hulle-Pulle!« –

Schwer seufzend packten sie aus, räumten ein.

»Ja, ich bin nu so weit. Jetzt frisiere ich mich, un denn gehe ich spaziers. Un du?«

»Das überlasse du nur mir; es wird dir dann seinerzeit das Nötige mitgeteilt werden.«

Der Stil war im Großen und Ganzen einheitlich verzerrt.

Sie sagten sich häufig Dinge, die nicht recht zueinander passten, nur um diese oder jene Redewendung anbringen zu können, den andern zu irritieren, sein Gleichgewicht zu erschüttern... Sie gingen herunter...

Da war der Marktplatz, der mit alten, sehr niedrigen Bäumen bepflanzt war, schattig und still lag er da. Sie schritten durch ein schmiedeeisernes Tor in den Park. Hier war es ruhig. In dem einfachen weißen Bau des Schlosses klopfte ein Handwerker. Sie gingen durch den Hof wieder in den Park, wieder in die Stille...

Noch brausten und dröhnten in ihnen die Geräusche der großen Stadt, der Straßenbahnen, Gespräche waren noch nicht verhallt, der Lärm der Herfahrt... der Lärm ihres täglichen Lebens, den sie nicht mehr hörten, den die Nerven aber doch zu überwinden hatten, der eine bestimmte Menge Lebensenergie wegnahm, ohne dass man es merkte... Aber hier war es nun still, die Ruhe wirkte lähmend, wie wenn ein regelmäßiges, langgewohntes Geräusch plötzlich abgestellt wird. Lange sprachen sie nicht, ließen sich beruhigen von den schattigen Wegen der stillen Fläche des Sees, den Bäumen... Wie alle Großstädter bewunderten sie maßlos einen einfachen Strauch, überschätzten seine Schönheit und ohne das Praktische aller sie umgebenden ländlichen Verhältnisse zu ahnen, sahen sie die Dinge vielleicht ebenso einseitig an, wie der Bauer – nur von der andern Seite. Nun, hier in Rheinsberg erforderten die Gegenstände nicht allzu viel praktische Kenntnis, man war ja nicht auf einem Gut, das bewirtschaftet werden sollte. – Sie kamen an den Rand eines zweiten Sees, an eine Bank. Stille...

»Wolfgang?«

»Claire?«

»Glaubssu, dass es hier Bärens gibs? Eine alte Tante von mir is beinah mal von einem …«

»… von einem Bären zerrissen worden?«

»Nein.« Sie war ganz empört. »Habe ich das gesagt? Ich meinte nur … Aber, du – beschützs mich doch, ja?«

»Ich schwöre dir …«

»Hm.«

Wieder war es sehr still. Die Claire saß da und sah sehr bestimmt in das schmutzig-grüne Wasser.

»Also pass mal auf. Warum ist hier nicht überall der zweite Friedrich? So wie er in Sanssouci überall ist. Auf jedem geharkten Weg, an jedem Boskett, hinter jeder Statue? – Hier hat er gelebt. Gut. Wüsstest du es nicht, würdest du es merken?«

»Nein. Vielleicht muss man älter, machtvoller sein, um die Welt sich zu formen nach seinem Ebenbilde … Wer ist heute so wie der Alte war? – Sehen unsere Wohnungen aus, wie wenn sie nur und ausschließlich dem Besitzer gehören könnten? … Ein Specht, siehst du ein Specht!«

»Wölfchen, es ist kein Specht. Es ist eine Schleiereule.«

Er stand auf. Mit Betonung:

»Ich habe ein außerordentlich feines Empfinden dafür, ich vermute, du bist gewillt, dich über mich lustig zu machen. Wird diese Vermutung zur Gewissheit, so schlage ich dich nieder.«

Ihr Gelächter klang weit durch die Fichten.

Das Schloss! – Das Schloss musste besichtigt werden. Man schritt hallend in den Hof und zog an einer Messingstange mit weißem Porzellangriff. Eine kleine Glocke scheppterte. Ein Fenster klappte: »Gleich!« – Eine Tür oberhalb der kleinen Stiege öffnete sich, und es kam nichts, und dann tappte es, und dann schob sich der massige Kastellan in den Hof. Als er der Herrschaften ansichtig wurde, tat er etwas Überraschendes. Er stellte sich vor. »Mein Name ist Herr Adler. Ich bin hier der Kastellan.« Man dankte geehrt und präsentierte sich als Ehepaar Gambetta aus Lindenau. Historische Erinnerungen schienen den dicken Mann zu bewegen, seine Lippen zuckten, aber er schwieg. Dann:

»Nu kommen Sie man hier hinten rum, – da ist es am nächsten.« –

Und schloss eine bohlene Tür auf, die in einen dunklen Steinaufgang hineinführte. Sie kletterten eine steile Treppe mühsam herauf. Oben, in einem ehemaligen Vorzimmer, lagen braune Filzschuhe auf dem Boden, verstreut, in allen Größen für Groß und Klein, zwanzig, dreißig – man mochte an irgendein Märchen denken, vielleicht hatte sie eine Fee hierher verschüttet, oder ein Wunschtopf hatte wieder einmal versagt und war übergelaufen …

Die Claire behauptete: *So* kleine gäbe es gar nicht. –

»Ih«, sagte Herr Adler, »immer da rein; wenn sie auch ein bisschen kippeln, des tut nichts.«

Er aber war nicht genötigt, solche Schuhe anzuziehen, weil er von Natur Filzpantoffeln trug.

Die Zimmer, durch die er sie führte, waren karg und enthaltsam eingerichtet. Steif und ausgerichtet standen Stühle an den Wänden aufgebaut. Es fehlte jene leise Unregelmäßigkeit, die einen Raum erst wohnlich erscheinen lässt, hier stand alles in rechtem Winkel zueinander ... Herr Adler erklärte:

»... und düs hier sei das sogenannte Prinzenzimmer, und in diesem Korbe habe das Windspiel geschlafen. Das Windspiel – man wisse doch hoffentlich ...?«

»Zu denken, Claire, dass auch durch deine Räume einst Liebende der Führer mit beredtem Munde leitet« ...

»Gott sei Dank! Konnt er ja! Bei uns war es pikfein.«

Und dann sagte Herr Adler, dies seien chinesische Vasen, und dieselben hätte der junge Graf Schleuben von seiner Asienreise mitgebracht.

Aber hier – man trat in ein anderes höheres Zimmer – hier sei der Gemäldesaal. Die Bilder habe der berühmte Kunstmaler Pesne gemalen, und die Bilder seien so vorzüglich gemalt, dass sie den geehrten Besuchern überallhin mit den Augen folgten. Man solle nur einmal die Probe machen! Herr Adler gab diese Fakten stückweis, wie ein Geheimnis, preis. Es war, als wundere er sich immer, dass seine Worte auf die Besucher keine größere Wirkung machten. – Herrgott, die Claire! – Sie begann den Kastellan zu fragen. Wolfgang wollte sie hindern, aber es war schon zu spät. –

»Sagen Sie mal, Herr Adler, woher wissen Sie denn das alles, das mit dem Schloss und so?«

Herr Adler leitete sein Wissen von seinem Vorgänger, dem Herrn Breitriese, her, der es seinerseits wieder von dem damaligen Archivar Brackrock habe. –

»Und dann, was ich noch fragen wollte, Herr Adler, hat es hier wohl früher ein Badezimmer gegeben?«

»Nein, aber *wir* haben eins unten, wenn es Sie interessiert…«

Sie dankten. Herr Adler, der noch zum Schluss auf eine Miniatur, ein Geschenk der Großfürstin Sofie von Russland, hingewiesen hatte, verfiel plötzlich in abruptes Schweigen. Und erst nachdem das Trinkgeld in seiner Hand klingelte, blickte er zum Fenster hinaus und sagte, ein wenig geistesabwesend: »Dies ist ein ehrwürdiges Schloss. Sie werden die Erinnerung daran Ihr ganzes Leben bewahren. Im Garten ist auch noch die Sonnenuhr sehenswert.«

Claire unterließ es nicht, Wolf ein wenig zu kneifen, und an der blumenkohlduftenden Kastellanswohnung vorbei schritten sie hinaus, ins Freie.

Am Nachmittag fuhren sie auf dem See herum. Er ruderte, und sie saß am Steuer, während sie dann und wann drohte, sie werde ihre graue, alte Familie unglücklich machen, sie habe es nunmehr satt und stürze sich ins Wasser. Er werde sowieso bald umwerfen. Nein – sie landeten an einer kleinen Insel. Ein paar Bäume standen darauf. Sie lagerten sich ins Gras… Ein kühler Wind strich vom See herüber. Die Uferlinien waren unendlich fein geschwungen, die hellblaue Fläche glänzte matt…

»Sehssu, mein Affgen, das is nu deine Heimat. Sag mal: würdest du für dieselbe in den Tod gehen?«

»Du hast es schriftlich, liebes Weib, dass ich nur für dich in den Tod gehe. Verwirre die Begriffe nicht. Amor patriae ist nicht gleichzusetzen mit der ›amor‹ als solcher. Die Gefühle sind andere.«

»Nun, ich bescheide mich.«

Und, nach einem langen Träumen in den hellen Himmel –, er war so hell, so hell, dass die blitzenden Funken vor den Augen tanzten, sah man lange hinein –:

»Wölfchen, du hast doch niemalen eine andere geliebt, vor mir?«

»Nie!«

Es prickelte, so über die Sehnsucht der Bürger zu spotten, über das, was sie Liebe nannten, über ihre Gier, stets der Erste zu sein … Sie waren beide nicht unerfahren.

Stimmen kamen, Ruderboote, Familien, die hier zu einem Picknick landen wollten. Riesige, blecherne Vorratskörbe bedrohten wie Geschütze das Lager der Friedlichen … Auf und davon! –

Mitten im See: »Söh mal, du muss mir auch ma rudern gelass gehabt haben –! Mich möcht diss auch mal – buh.«

»Bitte, rudere!«

Sie wechselten, das Boot schwankte.

Die Claire ruderte. Es war eine Freude. Einmal verlor sie beide Ruder. Er musste mit dem Stock rudern. Endlich fingen sie die Hölzer wieder, die weitab auf dem Wasser getrieben hatten.

»Ich kann es sehr schön. Ich konnt ja auch mal ohne Ruder – ja, konnt ich! Lach nich, du Limmel! Hab ich fürleichs nicht recht, na!«

Und ruderte, dass sie prusten und keuchen musste, wie eine kleine asthmatische Dampfmaschine. Die Sonne ging schon unter, als sie anlegten.

Er bezahlte. Die Claire schwatzte mit der Bootsverleiherin. Er hörte gerade:

»So – also ein kräftiger Menschenschlag ist hier, wie?«

»Tje Fröln, *wir* vertobaken uns Jungen ja nich schlecht!«
Sie lachten noch, als sie am Hotel waren.

Wie friedlich dieser Abend war; sie saßen unter den niedrigen dunklen Bäumen und warteten auf das Essen.

»Claire?«

»Wolfgang?«

»Mir ist so ...«

»Gut so, mein Junge.«

»Nein! Spaß beiseite, mir ist mit dem Magen nicht recht.«

»Das ist Cholera. Wart, bis du was zu essen bekommst.«

»Nein, hör doch, ich hab so ein Gefühl, so leer, so ...«

»Typisch. Das ist geradezu – bezeichnend ist das. Du stirbs, Wölfchen.«

»Die richtige Liebe deinerseits ist das auch nicht! Erst lasse ich dich auf Medizin studieren, und jetzt willst du nich mal durch dein Hörrohr kucken.«

»Ach Gott, nicht wahr, was heißt denn hier überhaupt! – Nicht wahr? – Wer denn schließlich ...«

Aber sie ging doch mit zur Apotheke, die hellbraun und ganz modern sachlich eingerichtet war; weiße Büchsen und Töpfe aus Porzellan reihten sich auf Borden, ein leichter Baldriangeruch durchzog die Räumlichkeiten. Hier händigte man dem Kranken nach eingehender Rücksprache und leutseligem Reden an den Provisor eine kleine Flasche mit einer dunkelbraunen Flüssigkeit ein. Sie half. Gott sei Dank.

Dann aßen sie, und nach Tisch rauchte die Claire. Drüben am Haus saßen die Herren, die jeder Zugereiste als Honoratioren zu bezeichnen pflegt. Juristen, Beamte, der Apotheker, der durch Bruch des Berufsgeheimnisses mit

Hinweis auf die beiden der kleinen Runde fettes Gelächter entlockte.

»Prost, Wolf, auf die Alten!«

»Auf die Alten!«

Die Gläser klangen, und drüben die Gäste, die in langer Tischreihe am beleuchteten Haus speisten, blickten herüber. Die Claire blies Ringe.

»Es ist eine maßlose Frechheit«, entschied sie.

»Hm?«

»Hierher zu fahren. Wenn das niemand merkt! Aber es merks niemands – pass mal auf, es merks niemand.«

»Ne quis animadvertat! Prost.«

»Weißt du, lieber reise ich mit einem Flohzirkus wie mit dir.«

»Als, Claire, als mit dir.«

»Ach Gott, konnste auch besser mir nicht zu bekorrigieren zu gebrauchs gehabs habs! Ich spreche dir das schiere Hochdeutsch!«

»Hm. – Eingeweihte wissen davon Kantaten zu singen. Trinkst du noch was?«

»Ob ich noch wen trinke? – Nö.«

»Ich finde, wir gehen noch ein bisschen, hä?«

Sie schlenderten durch den dunklen Ort. Nach langen, schwarzen Häuserstrecken kam eine Bogenlampe, umschwirrt von surrenden braunen Flecken. Insekten, die durchaus in das Licht gelangen wollten.

»Claire?«

»Wölfchen?«

»Die Tiere da oben, siehst du?«

»Ja.«

»So auch der Mensch.«

Sie blieb stehen.

»Wieso … bitte?«

»Wie jene Lebewes …«

»Bitte – was hier zu symbolisieren is, symbolisier ich mir alleine. Überhaupt musst du schlafen gehen. Du sprichst ja schon ganz … anders. Soll ich dir aufs Aam nehmen?«

»Buhle!«

An dunklen Fensterläden kamen sie vorbei und an langen Mauern; hinter rötlich beleuchteten Gardinen saßen Familien und spielten Karten … Einmal traten sie in einen Hof, stolperten über Pflastersteine und blickten durch ein Fenster in einen Saal.

Drinnen spielten sie Theater.

Von der Bühne sah man nur einen kleinen, gelben, hellen Winkel; aber man hörte alles. »Hoho«, sagte eine überlaute Frauenstimme im Alt, »da werden wir meinen Schwager fragen müssen. Ah, da kommt er ja …«

Das Publikum schnaufte und zuckte wie eine vielköpfige Bestie im Dunkel. Man sah Schultern sich bewegen, Köpfe sich hin- und herwenden …

»Himmel, der Fritz«, kreischte jemand auf der Bühne, und die Menge der Theaterbesucher lachte, ihre Körper tauchten auf und nieder, man murmelte …

»Wie merkwürdig«, sagte Wolfgang, »draußen ist es totenstill, der Mond scheint, und hier drinnen spielen sie ein Scheinleben. Und wir kommen hinzu, wissen nichts von den Voraussetzungen des ersten Akts und bleiben ernst.«

Es war still, der hell erleuchtete Winkel der Bühne blieb leer; einer musste wohl eine zum Lachen reizende Geste

gemacht haben, denn jetzt lachten die Frauen hell krei-
schend, während die Männer beifällig grunzten. Sie beugten sich weiter vor, man konnte undeutlich und durch das
Fensterglas verschoben den übrigen Teil der Bühne erkennen, der eine Zimmereinrichtung mit gelber Tapete und
gemalten Einrichtungsgegenständen darstellte; ein Mann in
grüner Schürze hielt dort oben Zwiesprache mit einer ro-
busten Weibsperson in den Vierzigern. Als Souffleurkasten
diente ein alter Strandkorb. Sie hörten die beiden sagen:

»So, Er soll hier reinemachen (in der Tat hielt der Mann
einen Besen in der Hand), und stattdessen scharwenzt Er
mit den Mädels! Pass Er nur auf, Er Liederjahn.« – Hier
kicherte das Publikum. – »Ich werde Ihm die Suppe schon
versalzen. Hier und hier und da und da!«

Das Publikum lachte: »Hoho!«, und oben bekam der
Mann, der bis dahin mit gutgespielter Teppenhaftigkeit den
Kopf beflissen-horchend geneigt hielt, einige patschende
Schläge ins Gesicht… In diesem Augenblick trat ein junges
Mädchen auf die Bühne, und hier nahm die Heiterkeit des
Publikums einen so beängstigenden Grad an, dass die bei-
den unwillkürlich vom Fenster zurückfuhren.

»Der erste Akt!«, seufzte er. »Uns fehlt der erste Akt!«

»So ein kleiner Junge, will sich das Theater besehens!
Marsch zu Bett!«

Und sie gingen.

Als sie die Treppe hinaufkletterten, hörten sie noch das
lachende Lärmen der angeregten Honoratioren.

»Claire, belustigen sich die ackerbautreibenden Bürger
über uns? – Ich bin fürchterlich in meiner Wut.«

»Ja, mein Jungchen. Nu geh man zu Bett.«

Ihre großen, breitschultrigen Schatten tanzten an der Wand, weil die Kerzenflamme tanzte... Die Claire stand vor dem Spiegel und löste ihre Haare auf.

»Wölfchen, pass ma auf; da war ich noch 'n kleiner Mädchen, un da bin ich bei meine Freundin, die Alice, gegangen – heb mir doch mal die Nadel auf! – und da war ein Herr, wie er hieß, weiß ich nicht mehr, und der hat gesagt, mein Haar ist wie aus Seide gesponnen. Ja.«

»Na – und –?«

»Nüchs.«

Die Claire liebte es, Geschichten zu erzählen, die, ohne Pointe, kleine, anspruchslose Begebenheiten ihrer Kindheit enthielten. Sie verlangte, dass man sie sich oft anhöre, und wurde zornig erregt bei dem Einwand, man kenne dies.

»Du bist gar nicht freundlich zu mir. Du liebst mich nicht mehr.«

Einem seelischen Chamäleon gleich, bot sie nun den Anblick einer Liebeskranken. Der Mund war schmerzlich verschoben, der Oberkörper leicht geneigt, die Hände krampften sich.

»Ich meinerseits liege im Bett«, sagte er. Die Kerzenflamme verlosch...

Unten schwatzte das Wirtshauspublikum. Man hörte, wie der Wirt seinen Rundgang bei den Tischen veranstaltete:

»Nun, auch die Frau Schwester wieder gesund? – Ja, ja, so geht's. Hat es den Herrschaften geschmeckt? Ja...«

Oben aber sagte die Claire gedankenvoll, langsam:

»Ich möcht dir nu nehmen und einem in sein Gulasch werfen. Seh mal, er wundert sich bestimmt. Wie –?«

Aber dann schwieg sie.

In der Nacht wachte er auf. Vorsichtig bauschte er den Vorhang, der weiß und faltig am Fenster leise vom Nachtwind bewegt war. Der Mond gespensterte in den Bäumen, ein Obelisk stand seitwärts drohend da und warf einen scharfen Schatten. Das Laub rauschte auf. Warum reagieren wir darauf wie auf etwas Schönes, fühlte er. Es ist doch nur ein durch Schallwellen fortgepflanztes Geräusch ... Und überließ sich gleich darauf willenlos diesem ruhigen Rauschen, das ein wenig traurig war, aber Hohes ahnen ließ und die Brust weiter machte ... Er fuhr herum. Eine ganz verschlafene Kinderstimme sagte unter einem Wasserfall von Haaren:

»Is niemand in mein klein Bettchen, und soll aber jemand da sein, und Klein-Clärchen is ganz allein ...«

Er trug sie zurück.

Als er früh am Morgen vom Friseur zurückkam, war die Claire am Aufstehen. Es war das so eine Sache: die erste Viertelstunde pflegte sie mit feiner Stimme ein entzückend klingendes Gemurmel zu stammeln, unzusammenhängende Silben hervorzubringen und in den verschiedensten Nachahmungen von Tierstimmen zu paradieren. Kaum hatte er die Tür hinter sich zugezogen, so begrüßte ihn das Winseln und Mauen einer neugeborenen Katze.

»Aufstehen! Claire! Aufstehen! Alle Leute sind schon nach Tisch.«

Man musste ein wenig übertreiben – es half sonst nichts.

»Buh!«

»Ja, ich weiß. Komm!«

Und zog ihr die Bettdecke fort.

Später:

»Wölfchen, zieh ich nu das Grüne oder das Weiße an?«

»Hm, welches möchtest du denn gerne anziehen?«

»Das… das weiß ich nicht. C'est pourquoi ich dich frage.«

»So zieh denn das Weiße an.«

»Schön. Was *dieser* Junge mich tyrannisiert, das ist nicht zu sagen. Haach!«

Pause.

»Wolfgang?«

»Claire?«

»Meinst du würklich, dass ich das Weiße anziehen soll? Seh mal… ich meine, mit den Fleckens un so…«

»Also: das Grüne.«

»Schön.«

Nach einer kleinen Weile:

»Ja, haber – ich möchte doch aber gern…«

»Was möchst du gern?«

»Das Grüne –«

»Aber ich sage dir ja, zieh's an!«

»Ja… aber… wenn du's mir sagst, macht's mir gar keinen Spaß. Du musst sagen: Zieh's nich an, musst du sagen, oder: zieh das Weiße an, tja.«

Und bevor er sich noch erholt hatte, fing sie an, ein wundervolles Gezänk von sich zu geben, nach Art gewisser Frauen, die sich beleidigt glauben und aus ihren Gefühlen auch dem Dienstmädchen gegenüber keinen Hehl zu machen pflegen. Das Ganze passte nicht recht her, aber sie war im Zuge, da war nichts zu machen.

»So? – Also in *meinem* Hause lasse ich mir das nicht sagen, ich nicht! Sie stauben meine kostbaren Seidenmöbel nicht ab, Sie... Geschöpf! – Aber mein Mann, der Bergassessor...«

Er floh. Noch auf dem Korridor hörte er sie wie einen Schusterjungen pfeifen.

Auf den Kaffeetisch schien die Sonne: hier roch es stark und ländlich nach Milch, Butter und einer frisch gewaschenen Decke. Bienen und dicke Fliegen schwammen in einem alten Honigglas, das der vorsorgliche Wirt mit Zuckerwasser gefüllt hatte.

Sie kam herunter, eine Weile sprachen sie nichts. Sie aß... mein Gott, sie aß und hatte Hunger, den richtigen Morgenhunger des Langschläfers.

»Claire?«

»Wolf?«

»Ich denke, wir fahren heute Morgen ein wenig spazieren.«

»So, und ich? – Mich nimmt er gar nicht mit! – Ich will auch mit!«

»Ich sagte: wir.«

»Buh, buh!«

»Ja, du kannst auch mit. Nu weine man nich und ess.«

»Wolfgang, ein so wunderschönes Deutsch sprichst du ja auch nicht, nein, das kann man nicht sagen. Aber keine Sorge: Meine Bemühungen werden mich das Ziel schon erreichen lassen.«

Sie konnte ganz gewählt sprechen, wie es wohl alte Erzieherinnen manchmal tun, mit übermäßig stark betonten Endsilben und weit nach hinten gerutschten Gaumen-»R«s.

»Mein Papa sagt immer, Wölfschen, ich spräche keinen

guten Deutsch. Wie? – Ja, er ist ein erfahrener Greis, aber wie steht es ihm an zu sprechen ›Stoße nicht in das Horn des Leichtsinns, mein Kind, und witzele nicht über so schwerwiegende Dinge!‹ Ich frage dich: Hat er unrecht oder hat er unrecht? Zwei Möglichkeiten kommen nur in Betracht.«

»Er hat recht. Da kommt der Wagen.«

Es war sein Glück. Denn schon hatte sie sich hoch aufgerichtet und stand da, die Hände fest auf den Tisch gedrückt und schielte …

Leicht und schnell rollte der Wagen durch die grüne Allee.

»Wolfgang?«

»Claire?«

»Merks du nichs?«

»Wie bitte?«

»Obs du nichs merks?«

»Nein.«

»Na, aber süh mir mal an!«

»Bei Gott, nichts. Zuckt die Achseln.«

»Du musst das nicht mitsprechen, was in Klammern steht. Zuckt die Achseln, das steht in Klammern, weißt du? – Aber merkst du nichts?«

»Du hast dich gewaschen.«

»P! – Aber … ein blaues Band hatt' ich gestern durch mein Hemd gezogs, un nu nich mehr. Du erlaubs mirs ja nich. Du ja nich.«

Bot sie nicht das Aussehen einer sichtlich Gekränkten, die schmollend die bessern Gefühle des Geliebten anrief?

»Du hast ja'n Freund, der wo sagt, bunte Bänders in der

Wäsche tragen nur Kellnerinnen! Konnst deinem Freund gesagt haben, er konnt bei mir gegangen gewesen sein, ob ich vielleicht 'ne Kellnerin war.«

Ja, er wolle das bestellen.

Aber nun mussten sie in das Grüne sehen, das sich an ihnen vorüberbewegte. Nicht, als ob dieser Wald jene gerühmte Schönheit besessen hätte, wie wir sie auf Bildern und Postkarten zu sehen Gelegenheit haben. Er wies keine »Partien« auf, keine Durchblicke. Aber er machte sie froh. Es war wohl mehr ihre allgemeine Freude, am Leben zu sein. Zwischen den Vergangenen und denen, die noch kommen würden – jetzt waren *sie* an der Reihe – hurra! –

An einer Biegung der Chaussee machte der Kutscher halt, murmelte und verschwand im Gebüsch. Die Claire begleitete seinen Weggang mit frommen Reden... Und dann fuhren sie weiter, und an einem Wirtshaus am See wurde Rast gemacht, und dort gab es zu essen.

Und dann fuhren sie wieder auf langen Umwegen nach Hause, nach Rheinsberg. Fußgänger begegneten ihnen, schwitzende Familienväter, die ihre Spazierstöcke mit den baumelnden Jacken am Ende Gewehr über trugen und schweigend der nächsten Bierquelle zustrebten, Verliebte, die mit verkrampften Händen selig daherstolperten, einmal hörten sie das Bruchstück eines Gespräches zweier spitzmäuliger Damen.

»Ja«, sagte die eine, »und denken Sie, sie ist eine Berlinerin, aber wissen Sie, im guten Sinne des Wortes...«

Der Wagen juckelte und knarrte, bald gehen die Pferde im Trab, bald trotten sie langsam mit gesenkten, nickenden Köpfen... Und immer konnte man, wenn es einem beliebte, den Kopf nach hinten legen, »auf den Verdeck«, wie Claire das nannte, und dann sah man in die Wolken, immer in die Wolken, während der Körper im Rhythmus des Fahrens angenehm bewegt wurde…

Am Spätnachmittag kamen sie an; es war heiß, vielleicht würde es abends ein Gewitter geben, sagte der Wirt. Sie gingen in den Park. An einem kleinen Rondell schimmerten weiße Figuren aus dem Blätterwerk. Ein Satyr lehnte an einem Baumstumpf, mit gesenkter Flöte, ein Faun stach eine fliehende Nymphe… Das Schloss leuchtete weiß, violett funkelten die Fensterscheiben in hellen Rahmen, von staubigen Lichtern rosig betupft, alles spiegelte sich im glatten Wasser. Baumgruppen standen da, rötlich-gelb beschienen mit schwärzlichen Schatten, sie warfen lange, dunkle Flächen auf den Rasen. Träge schob sich der See in kleinen Wellchen an die schilfigen Ufer…

»Brühheiß. Kann man eigentlich so den Hitzschlag bekommen, Claire?«

Sie lag am Boden und kaute einen Halm, der schwankend ihrem Munde entwuchs.

»Das kommt ganz auf die Innentemperatur an, mein Junge. Du – bei deiner Hitze – ja, du kannst wohl einen kriegen! Zeig’ mal die Zunge – hm…«

»Du tätest auch besser daran, mehr in den Kollegs aufzupassen, anstatt Herzen mit meinen Initialen in die Bänke zu schneiden. Überhaupt das Frauenstudium… «

»Bitte, nehmen Sie Platz.« Sie war ganz Würde, und obgleich sie im Gras saß, konnte man glauben, was den Ausdruck ihres Gesichts anbetraf, einen vielbeschäftigten, an seinen Patienten interessierten Arzt vor sich zu sehen.

»Einen Weg zur Heilung werden wir schon finden…
schon finden…«

Sie kraute sich einen imaginären Bart. »Wissen Sie, ob
Ihr Herr Großpapa jemals an einem icterus katarrhalis litt?
Oder an einer angina vincentis? Nun, wir werden das Übel
schon beheben. Darf ich bitten, den Mund zu öffnen, weiter, weiter – so…« Und sie warf den Aufhorchenden mit
einem starken Stoß nach hinten, ins Gras…

Die Luft lag unbeweglich, drückend, sie schritten über
eine Brücke, darunter das Wasser grün und schleimig ab-
floss. Sie blickten hinunter. Blätter schwommen vorbei,
kleine Zweige, Hölzchen…

»Wolfgang?«

»Claire?«

»Erlaubsus mir? Ja? Nur einmal! Bitte! Bitte!«

Sie drängte sich an ihn, umkoste ihn, ging ihm um den
Bart, sozusagen…

»Was denn, was denn, Kind?« Er machte sich frei.

»Erlaubs mir doch! Nie nich erlaubsu mir wen! Ich
möcht' doch soo gern…«

»Aber was denn?«

Sie schwieg. Sie sahen wieder von der Brücke in das da-
hinschleichende Wasser.

»Wolfgang«, sagte die Claire träumerisch, »ich möcht'
einmal in das Wasser spucken…« Und in den höchsten Tö-
nen: »Erlaubs du mir?« Und piepsend: »Ja?«

Er erlaubte es ihr.

Sie gingen durch die Straßen der Stadt. Schaufenster boten
lockend ihre Einlagen an, kunstreich geordnet. Oh, man

war hier durchaus auf der Höhe, wie man mit Stolz sagen durfte, und hatte sich die Errungenschaften der neuen Zeit zunutze gemacht: ein moderner Wind wehte auch hier. Nach künstlerischen Prinzipien hatte z. B. Herr Krummhaar, der Kolonialwarenhändler an der Ecke des Marktes, sein Schaufenster arrangiert. Blickte man durch die blankpolierten Scheiben, so tat sich dem Beschauer eine schlaraffenhafte Landschaft auf: auf einem Hügel von Paniermehl stand ein Zuckerhut mit einem roten Gelatinekreuz, und sah man näher hin, war es eine Windmühle. Pflaumenwege führten an mit Preisen versehenen Korinthenbeeten vorbei, und auf einem Spiegelglas schwamm eine Brigg, die Herrn Krummhaar aus dem fernen Indien bauchige Flaschen Danziger Goldwassers und Salzbrezeln heranschleppte... Vor der Ladentür waren Fässer aufgebaut, die bis oben hin mit köstlichen Erbsen und allerhand getrocknetem, nun aber längst verstaubtem Obst gefüllt zu sein schienen; nur der Kundige konnte ahnen, dass es sich um eine geschickte Täuschung handle. Lange stand die Claire vor der bunten Pracht, dann zitierte sie mit Ausdruck:

»Und einen Ochsen, ganz bepackt,
Mit Fleischextrakt...«

Überall blieb sie stehen, alles wollte sie kaufen, und sie wirbelte herum, schwatzte, lachte, und war nacheinander: ein Frauchen, das ihren Mann zu Einkäufen bewegen will, ein unfolgsames Kind, das sich meckernd von der Hand der Bonne durch die Straßen schleppen lässt, ein kleiner Hund – und zehn Schritte lang bot sie sogar die Kopie eines durchaus nicht einwandfreien Geschöpfes...

Vor der Tür eines kleinen Lädchens, dessen Schaufenster

dem Käufer Posamentier- und Weißwaren versprachen, standen die Fräulein Luft, zwei gutmütige ältliche Wesen, die ein wenig muffig rochen ...

Sie schöpften die Abendluft, einen Käufer gab es jetzt nicht. Die beiden drängten sie in ihren Laden.

»Ich möchte, bitte, Wäscheknöpfe.« Die Claire war geschäftig, ganz bei der Sache.

»Tje ...«

»Aber bitte, geben Sie mir doch, bitte, weiße Wäscheknöpfe ... zum Annähen ...«

»Tje ... Gewiss.«

Aber die Fräulein Luft rührten sich nicht, sondern sahen sich und die beiden Besucher, die ihren Laden nahezu ausfüllten, ratlos, verlegen an. Eine von ihnen holte tief Atem ...

»Mochte der schunge Härr nicht so lang rausgehen ...«

»Welch treue Seele«, dachte er. Und ging heraus.

»Ein Kinematograph? Hier in Rheinsberg? Wölfchen, nach dem Souper? Ja?«

Wirklich, es gab einen, und sie gingen hin.

Auf dem Wege schon murrte es in den Wolken, die langsam aufzogen. Wind schüttelte Laub von den rauschenden Bäumen, Staub wirbelte auf ...

Aber noch trocken kamen sie in dem Saal des Wirtshauses an. Richtig, ein kleines Orchester war da, es verdunkelte sich der Saal ...

Der Apparat schnatterte und warf einen rauchigen Licht-
kegel durch den Saal. Eine bunte Landschaft erschien, bunt,
farbenprächtig, heiter. Die Kolorierung war der Natur ge-
treulich nachgebildet: Die Bäume waren spinatgrün, der
Himmel, wie in einem ewigen Sonnenuntergang, in Rosa
und Blau schwimmend … Während die Flusslandschaft hell
vorbeizog, schwankte dauernd ein schwarzer Schatten, in
Form einer Stange, durch das Bild, was vermuten ließ, dass
die Aufnahme von einem Dampfboot aus gemacht worden
war. Dies bestätigte sich; denn nach einer kleinen Weile
drehte sich der hellbraun gebohlte Teil eines Schiffes in das
Bild, das nun das Nahe und das Ferne zugleich erkennen
ließ: eine rosagekleidete Dame, mit weißem Spitzenschirm,
anscheinend zu diesem Zwecke hinbeordert, erzeugte vermittels freundlichen Lächelns, Winkens und eifrigen Auf-
und-Ab-Spazierens geschickt den Eindruck sommerlichen
Glückes; hinten glitten die kolorierten Bestandteile der
Bretagne vorbei, Trauerweiden, die Zweige in das Wasser
hängen ließen, kleine ockergelbe Häuschen, die anscheinend auf ihre Umgebung abgefärbt hatten, ein vorüberzie-
hender Fischdampfer …

Die Claire saß erschüttert.

»Wolfgang, es ist zu traurig! Glaubsu, dass der sterbende
Krieger seine Heimat erreicht?«

Er glaubte es nicht. Umso weniger, als jetzt der eben ein-
getretene Klavierspieler geräuschvoll drei kräftige Akkorde

erschallen ließ, sein Bierglas herunterwarf, aber hierdurch unbeirrt sich anschickte, den nunmehr folgenden Film: »MORITZ LERNT KOCHEN« in angemessener Weise zu begleiten. Die Musik tobte: der Nachbar steckt den Kopf zur Tür herein, Moritz steht am Kochherd, packt den andern, wirft ihn in den Topf, dass die Beine heraussehen. Schwanken, Fallen, Töpfe kippen, Sintflut, man schwimmt gemeinschaftlich die Treppe herunter, schüttelt sich unten die Hände, nimmt das triefende Mobiliar unter den Arm und verschwindet …

Die Claire konnte sich nicht beruhigen: sie fragte, wollte alles wissen. Ob er denn nun kochen könne, ob der Nachbar gut durchgekocht sei, sie könne übrigens kochen, perfekt, möchte sie nur sagen …

Und schwieg erst, als helle Buchstaben auf dunklem Grund ankündigten:

DAS RETTENDE LICHTSIGNAL.
In der Titelrolle Herr Violo.
Von der Greizer Hofoper.

Auf Grund einer freundlichen, stillen Übereinkunft zwischen Filmfabrik und Publikum bedeutet die blaue Farbe Nacht, während die rote die Katastrophe einer Feuersbrunst anzeigt, so dass es allen klar wurde, wie man in solch gefährlichen Stunden eines rettenden Lichtsignales des Bräutigams bedurfte. Mochte die Handlung durchsichtig sein, hier war das Leben, aber konzentriert. Wenn das Meer, wenn die Brandung an Felsen schlug, wenn der Vorplatz eines Hauses einen Augenblick frei blieb und man an den

Zweigen sehen konnte, wie der Wind geweht hatte, *der* Augenblick war dahin, unwiederbringlich dahin… Wie beängstigend schön war es, wenn Eisenbahnzüge, lautlos, wie große Schatten erschienen, immer näher, größer – ein Kopf sah aus dem Fenster…

Aber als die leuchtenden Lichtgestalten zu weinen begannen und ein Harmonium in Aktion gesetzt wurde, schnupfte die Claire tief auf und äußerte schluchzend den Wunsch, nach Hause zu gehen…

Sie kämpften sich durch Wind und Regen ins Hotel.

Am Morgen gingen sie in die Felder. Das Gewitter von gestern hatte abgekühlt, die ersten herbstlichen Tage kamen. Der Wind wehte stark. Als sie gegen ihn angingen, sang er wie klagend… An den Wegen schäumten die Laubmassen. Milchigweißes Licht beglänzte gleichmäßig die Felder. Die Sonne steckte hinter den stürmenden Wolken; manchmal kam sie hervor, dann war sie rot und fror in der rauhen, kräftigen Herbstluft. Ein leerer Pfad lag vor ihnen, reingefegt vom Wind – und es war Seligkeit, darüber hinwegzuschreiten; junge Linden reihten sich endlos, und es war Glück, immer wieder den ächzenden Stamm zur Seite zu haben. Tief ging der Atem, und die Schultern hoben sich. Sie gingen im Gleichschritt.

Sehnsucht – Sehnsucht nach der Erfüllung! Hier war alles (fühlte er), Herbst, der klärende, klare Herbst, Claire, alles – und doch zog es weiter, der Fuß strebte vorwärts, irgendwo lag ein Ziel, nie zu erreichen!

Viel, fast alles auf der Welt war zu befriedigen, beinahe jede Sehnsucht war zu erfüllen – nur diese nicht. Was war, von oben betrachtet, ein Liebender? – Ein Narr. Wenn sich ihm das geliebte Herz eröffnete, schwieg er, satt und zufrieden. Ganze Literaturen wären nicht, riegelten die Mädchen ihre Türen auf... Ein Amoroso war zu befriedigen, gebt ihm das Weib, das er begehrt, und der tönende Mund schweigt. Was gibt es, *uns* zum Schweigen zu bringen? Wir haben nichts mehr zu verschleiern, wir wissen um alle Heimlichkeiten der Körper... Auch um alle der Seele? – Es gibt Worte, die nie gesagt werden dürfen, sonst sterben sie... Aber wir wollen nicht in diese Tiefen der Schatzkammern, wir haben einander ganz und doch sehnen wir uns. Was ist das, das uns forttreibt, weiter, höher, vorwärts? – Der Frühling ist es nicht; denn es ist da zu allen Jahreszeiten, die Jugendzeit ist es nicht; denn wir spüren es in allen Altern, die Claire ist es nicht, wir fühlen es ohnehin.

Jetzt kamen sie durch einen windstillen Hain junger Birken.

Glücklich sein, aber nie zufrieden. Das Feuer nicht auslöschen lassen, nie, nie! In einem runden Loch kreiste träge schwarzes, fauliges Wasser. Alles andere ist ein Vorspiel: die Werbung, die Gewährung, das Genießen. Dann fängt es an und höret nimmer auf. Was kann vorher sein? Beschäftigt mit der simplen Frage: Ja? – Nein? – sehen sie nicht das Wesentliche, nicht das Eigentliche. Entkleide die deinige von deinen Begierden, sie zu besitzen, setze sie in dein Zimmer, wunschlos, allein, denk, du habest alles, was du wolltest... Bliebe sie? Kann sie mehr als locken, versprechen? – Kann sie *geben*? Nicht jede hält die Belastungsprobe aus. Man behütet nicht umsonst ängstlich das Letzte, wenn man nicht weiß, dass es das Kostbarste ist, was man zu geben hat. Eroberungen, bei denen der Reiz nur im Erobern besteht. Wir aber wollen besitzen. Und es gibt keine tiefere Sehnsucht als diese: die Sehnsucht nach der Erfüllung. Sie kann nicht befriedigt werden ...

»Wölfchen! Hallo!« Sie war weit voraufgelaufen und pflückte im Gebüsch weiße Eisbeeren, legte sie im Kreis auf den Boden und knackte sie mit dem Fuß entzwei.

»Warum tust du es?«

»Hast du keinen Sinn für Schönheit? *Fühlst* du nicht, dass das befriedigt, erlöst, wie von einem Druck befreit, wenn die Beere – endlich – aufknackt? – Banause!«

Die Gräser glänzten im Licht, ein dicker Käfer zog über die Chaussee, flog auf, ein Wind strich über den Weg, führte ihn mit sich fort, wollte er dorthin? – Nun, er würde auch da glücklich sein ...

Eine Schafherde trappelte durch die gestoppelten Felder; sie wollten ausweichen, aber es war zu spät, der Schäferhund hatte eine lange Reihe zurechtgebellt, sie waren mitten unter ihnen, die Schafe umwogten sie, die Claire schwankte lachend in dem Meer her und hin.

»Wölfchen, wenn mir die Tieren nu fressens?«

»Ihnen nicht, Fräulein, es dürfte sich nicht lohnen.«

Endlich krochen sie heraus, staubbedeckt, lachend.

»Dass du dir da rausgefunden hast, Wölfchen!«

Sie waren auf freiem Feld, glänzend wehten grüne Gräser im Wind, die Luft war in starker Bewegung, aber das Land lag ruhig, mochte es wehen und darüber hinfahren, die Erde blieb fest.

Sie standen auf einem kleinen Hügel, das Land wellte sich weit fort, spielend riss die starke Luft an den Haaren. Dies alles umarmen können, nicht, weil es gut oder schön ist, sondern weil es da ist, weil sich die Wolkenbänke weiß und wattig lagern, weil wir leben! Kraft! Kraft der Jugend!...

»Claire?«

»Na?«

Und wurde gepackt und wie ein Wickelkind davongetragen, den Abhang herunter bis tief in die blumige Mulde.

Und wieder kamen sie nach Rheinsberg, und weil es der letzte Tag war, verschwand Wolf und kam kurz vor dem Mittagessen mit einem großen weißen Paket wieder. Oben angelangt, legte er es auf den Tisch. Die Claire zupfte vor dem Spiegel an ihrem Haar. Wandte sich um.

»Wolfgang?«

»Claire?«

»Was is'n diss?«

»Nüchs, wie du dich auszudrücken beliebst.«

»Na, haber...«

»Um allen so gearteten Debatten aus dem Wege zu gehen, mein liebes Weib, erkläre ich hiermit, dass in dem Paket mit erhobener Stimme zwar etwas darin ist, aber du dasselbe mit Bedeutung nicht vor dem Abend öffnen darfst. Um zehn geht der Zug, um dreiviertel zehn darfst du, Punkt.«

»Hm.«

Pause.

»Wolfgang?«

»Claire?«

»Sagssu mir, was da drün is? Seh mal... «

»Schweig. Ich habe gesprochen.«

»Aba, Wölfchen, ich fand, du konnst mir doch den Anfangsbuchstaben sagen und den hinteren auch, ich meine den Endbuchstaben, ja?«

»Ich zertrümmere dich. Nein.«

»Nur den Anfang, tje? – Bitte, bitte! …«

»Schluss. Wir essen!«

Es gab »schöne Sachens« – »Suppens gibs«, erörterte Claire, die alles wusste, »un Hühnegens mit Gemüsen und Hops (Hops? – Obst, Wölfchen, Obst) un denn gübs … Willstu das gern wissen, Wölfchen?«

»Ja.«

»Hm, ich sag dir's auch. Aber du musst mir sagen, was in dem Paket …«

»Ich will's nicht wissen.«

»Buh!«

Sie »muckschte« wie ein kleines Kind und ließ eine habsburgische Unterlippe hängen, bis das Essen kam.

»Wölfchen, ess man Suppens mitm Messer?«

»Wa –?«

»Na, ich hab mal einen gesehen, der hat mitm Messer geessen.«

»Suppe?«

»Neieinn … «

Aber da kam eine alte Dame an ihrem Tisch vorübergeschlurcht, schielte krumm und murmelte etwas von »unerhört« und »Person« und so.

»Wölfchen, die meint mir. Konnste ihr nich gefordert gehabt habs? – Söh mal, ich bin doch 'ne Feine, nich wahr? oder glaubssu, ich bin eine Prostitierte? Nei-n. Ich ja nich. Ich nich. Hä?«

»Lass das Alter gewähren, mein Kind. Vielleicht hat sie nicht so hübsche Jugenderinnerungen... Wie schrieb der große Friedrich an den Rand seiner Akten? – ›Mein lieber Geheimrat‹, schrieb er, ›wir sind alt und können nicht mehr, wir wollen uns über die freuen, die noch können‹.«

Und dann aßen sie, und als es zu Ende war:

»Wölfchen, die Sonne scheint gerade so schön, wir wollen photographieren!«

Sie holte den Apparat, den sie umständlich herrichtete. Eine Zeitaufnahme war beabsichtigt, unter dem Blätterdach der alten Bäume, die gesprenkeltes Licht zum Boden durchließen.

»Stell dir man hin, Wölfchen. Nun pass auf: wir machens einen langen Aufnahmen. Du musst nu ümmessu ruhig stehen, weißtu, ganz stille, ich geh solange fort, auf dass es dir nicht lächere...«

Er stand regungslos, nur gegen die Sonnenstreifen anblinzelnd, fühlte sein Herz klopfen, der Atem ging taktmäßig ein und aus. Wie lange es dauerte? Die Claire wandelte unter den Linden, weiter hinten. Es sah aus, als hätte sie vergessen...

Ohne die Lippen weit zu öffnen: »Claire!«

Immer noch erging sie sich unter den schattigen Bäumen, aber sie antwortete: »Ja?«

»Noch lange?«

»Nein.«

Wieder Schweigen. Wieder summten die Insekten. Teller klapperten im Haus.

»... lange?«

»Wolfgang?«

»Hm?«

Und von ganz fern: »Du kannst kommen! – Ich habe gar nicht eingestellt!« Und helles Lachen.

»So ein –«

»Aber schön still hast du gehalts!«

Hoho! Wie aus einem Schallbecken platzte Lachen aus ihrem Mund, heftig, lärmend.

Aber er fing sie.

Nach dem Essen musste die Claire schlafen gelegt werden. Sie waren im Sonnenglast hingestreckt, auf einer Wiese, über der die Luft in der Mittagswärme zittrig schwebte. Schweigen…

»Wölfchen?«

»Claire?«

»Sagssus mirs?«

»Was denn?«

»Was in den Paket…?«

»Schlaf!«

Sie schnarchte, dass die Grillen vor Schreck verstummten.

»Pst!«

»Du sagst ja, ich soll. Nie nich is es richtig. Buh!«

Wieder Schweigen.

Wie im Selbstgespräch: »Ich fand, wenn du's mir sagtest, gefiel's mir hier besser. Wie? Ich bin neugierig, alle Frauen sind…? Ich will dir mal was sagen, ich will's gar nicht wissen, überhaupt ist es mir egal, es lässt mich kalt.«

»Das kannst du brauchen.«

»Wie?«

»Ich meinte nur.«

»Wölfchen?«

»Claire?«

»Is'n zu essens drin oder …?«

Aber er antwortete nun nicht mehr. Sie schliefen. Und als sie aufwachten – sie hatte ihn wachgekitzelt –, stand die Claire auf, strich sich den Rock glatt, und ihre ersten Worte waren: »Neugierig bün ich ga-nich. Aber wissen möcht ich *bloß,* was da in is«, und dachte heftig nach, ohne es herauszubekommen. (Sie hat es nie erfahren, das Paket wurde im Hotel vergessen.)

Nachmittags lagen sie im Boot. Der Himmel war klar, noch einmal gab der Sommer seine Wärme.

Dies ist der letzte der drei Tage! Aber ich bin so froh wie am ersten. Jung sein, voller Kraft sein, eine Reihe leuchtender Tage – das kommt nie wieder! Heiter Glück verbreiten! – Wir wollen uns Erinnerungen machen, die Funken sprühen! Wir haben alles voraus – heute! Mögen die in den Gräbern die Fäuste schütteln, mögen die Ungeborenen lächeln – wir *sind*! Alle sollen freudig sein! Kämpfen – aber mit Freuden! – Dreinhauen – aber mit Lachen! Mädchen, was zieht ihr mit Ketten schwer beladen einher? – Schüttelt sie ab. Sie sind leicht! – Sie sind hohl! – Tanzt, tanzt! –

Vom Ufer her rief sie jemand an, ein Mädchen mit einer Schneckenfrisur und ernsten, schwarzen Augen. Sie trug sich irgendwie in Blau und Grau. Sie ruderten heran. Wo es hier nach dem Forsthaus ginge? Ob es noch weit sei? – Sie beabsichtigten dorthin zu fahren, wenn sie wolle …? Sie dankte, nahm an.

Es ergab sich, dass sie gleichfalls die Heilwissenschaft studiere und sich auch sonst geistig fleißig rege. Sie lud arme Kinder zu sich zu Tisch, um an abgemessenen Gewichtsportionen die Wirkungen gewisser Hydrate festzustellen, auch in andern Beziehungen nahm sie sich dieser Opfer der kapitalistischen Wirtschaftsordnung an und förderte sie durch gute Ratschläge. Das brachte sie ruhig und selbstverständlich vor, bescheiden, aber fest. Das Gespräch glitt weiter. Nein – heiraten wollte sie vorläufig nicht; sie habe noch keinen gefunden, der Mann gewesen wäre, ohne ein Sexualtier zu sein. Sie hatte einen schlechten Teint, und es sah aus, als bade sie selten. – Ob sie denn nie verliebt gewesen sei? – Oh, sie besäße, wie sie, ohne unbescheiden zu sein, mitteilen könne, Temperaments genug. So habe sie neulich auf einem Vereinsfest sogar etwas getrunken, was dem Geschmacke nach schwedischer Punsch gewesen sein mochte. Aber das seien doch Nebendinge. Für sie – hier schaukelte das Boot ein wenig – für sie gäbe es nur die Pflicht. Die Pflicht, ihrem Berufe als Wissenschaftlerin und soziales Glied voll und ganz Genüge zu tun.

Dies, was sie anginge. Und die Herrschaften? Mit wem habe sie das Vergnügen? Sie sei stud. med. Aachner, Lissy Aachner. Und die Freundlichen, die sie hier mitnähmen? – Claire ergriff das Wort (Wolfgang graute): – Nun, sie hätten hier ein kleines Besitztum in der Nähe, nicht sehr bedeutend, 300 Morgen etwa, ja, und das sei ihr Bruder, sie seien noch nie in einer großen Stadt gewesen, die Eltern erlaubten es nicht, nein – wie es denn so in Berlin aussähe? – Sie hätten so bunte Vorstellungen davon, aber, nicht wahr? – aus den Büchern könne man das nicht so …

Die Studentin Aachner bestätigte dies. Nein, aus den Büchern könne man dies nicht so. – Man müsse wirklich einmal... Sie könne das den Herrschaften nur empfehlen! – Diese verschiedenartigen Kreise, diese Anregungen, man müsse ordentlich auf dem Posten sein, um all den Anforderungen Genüge zu tun! Nun, – sie, Lissy Aachner, sei auf dem Posten, das könne sie wohl sagen. Und es erwies sich, dass dieses begabte Mädchen über alles, so die Liebe und das Leben, ihre klaren festen Begriffe hatte, an denen nicht zu rütteln war. Sie sei Monistin. Was das sei? Gesellschaftliche Artigkeit trug über ein leichtes Lächeln den Sieg davon. Sie sei erfüllt von dem Glauben, dass alles sich auf natürlicher Grundlage nach Maßgabe der betreffenden Umstände aufbaue. Auf die Umstände lege sie besonderes Gewicht, auf die käme es an... Aus ihnen ließe sich *alles* herleiten. Sie, Lissy Aachner, wäre nimmermehr das geworden, was sie sei, wenn nicht die Umstände und das, was man wohl Milieu nenne, sie zu einem Produkt der neuen Zeit gemacht hätten. Und diese Umstände zu erkennen, das sei es, fuhr stud. med. Aachner fort, worauf es ankäme... *Erkenntnis*, das sei das Wort! – Wohin sollte es führen, wenn wir auf der Stufe alter Barbarenvölker ständen und den Regen z. B. noch als etwas Göttliches empfänden? Der Regen sei einfach ein Niederschlag atmosphärischen Wassers in Form von Tropfen oder Wasserstrahlen. Dagegen war nichts zu sagen. Der Regen war in der Tat ein Niederschlag atmosphärischen Wassers in Form von Tropfen oder Wasserstrahlen. Und habe es nicht mit den geistigen Dingen eine ebensolche Bewandtnis? – Sei nicht auch hier Erkenntnis das Element alles Lebens? – Wie wolle man sich denn vor Liebesschmerz hüten, ohne die Elemente dieses Affekts, die Liebe und den Schmerz, analysieren zu können? – Sie gäbe ja Ausnahmen zu, bemerkte die Sprecherin, aber wenn wir auch heute noch nicht so weit wären, alles zu erkennen, so läge dies eben an einer Mangelhaftigkeit unserer Apparate bzw. Organe. Es würde schon noch werden. Seien nicht auch die Religion, die Kunst Dinge, die restlos in ihre Bestandteile aufzulösen nur einem Orthodoxen als kühn erscheinen könne? – Ja, das gesamte Leben als solches... Aber hier lief der Kahn auf den Sand, dass es knirschte. Man war angelangt. Die stud. med. Aachner bedankte sich und schritt durch das Grün auf das Forsthaus zu, männlichen Schrittes, geradeaus, und irgendwie in Blau und Grau gekleidet...

Die beiden trieben ab, das Boot schwankte, bewegt durch das Schaukeln der Lachenden. Und wieder trug sie die Strömung dahin, der fächelnde Wind kräuselte das Wasser, brachte frischere Lüfte... Einmal legte die Claire die Hand auf den Bootrand: diese ein wenig knochige und männliche Hand, auf deren Rücken blassblaue Adern sich strafften; sah man aber die holzgeschnitzten, langen Finger, so ahnte man, es war eine erfahrene Hand. Diese Fingerspitzen wussten um die Wirkung ihrer Zärtlichkeiten, kräftig und sicher spielten die Gelenke... Die Hand hing im Wasser und zog einen quirlenden Streif. Dunkelgrün und klar lagen die Ufer weit zurück.

Leuchtender, leuchtender Tag! – Da-sein, voraussetzungsloses Da-sein und immerfort wissen, dass eine ist, die gleich fühlt, gleich denkt... (Denkt, fühlt sie wirklich? Aber ist das nicht einerlei, wenn wir nur glauben?) Nun, wir *glauben* eben einmal, dass wir uns nur deshalb nicht begegnen, weil wir nebeneinander demselben Ziele zulaufen, gleich strebend, parallel – …Dies zu wissen – das ist Glück. Ein Seitenblick genügt: all deine Empfindungen sind hier noch einmal, aber umkleidet mit dem Reiz des Fremden. Wozu noch sprechen? – Wir wissen ohnehin. Wozu versichern, betonen? – Wir wissen, wir wissen. Und das Erlebnis und ich und sie – das gibt einen Klang, einen guten Dreiklang.

Aber nun waren nur noch zwei Stunden bis zur Abfahrt.

»Wolfgang?«

»Claire?«

»Gehen wir noch ein bisschen spazieren? Komm, in die böhmischen Wälder!«

Und sie gingen durch den dämmerigen Park, in dem die Baumgruppen erdunkelten, sich schwärzlich auseinanderschoben… Der Himmel war am Nachmittag schimmernd klar gewesen – noch spannte er sich wie ein ungeheurer Bogen von Osten nach Westen, aber nun hatte er eine dunkle Färbung angenommen, er war fast schwarz, und weiße Wolkenflecken zogen rasch unter ihm dahin.

Gewiss blies hier der Wind immer so in die Baumwipfel, dass sie aufrauschten, strich durch die Stämme, raschelte schleifend im Laub… *Sie* empfanden: Abschied. *Sie* mussten fort. Leises Trauern… noch einmal zogen sie die reine Luft ein. Abschied. Eine neue Etappe. Aber diese haben wir gelebt.

Der Weg führte auf einen Hügel, durch Wiesen und an schwärzlichen Sträuchern vorbei. Sie sprachen nichts. In der Höhe glänzten helle Fenster einer Villa. Töne?... Da oben gab es Musik. Sie schritten aufwärts. Blieben im Dunkel stehen. Das gelbe Licht traf sie nicht: es bestrahlte einige Zweige der Linden, die am Haus gepflanzt waren. War es ein Ball? –

Ein Walzer kam. – Die Geigen – es musste eine starkbesetzte Kapelle sein – zogen süß dahin, sie sangen das Thema, ein einfaches, liebliches, in langen Bogenstrichen. Verstummten. Aber nun nahmen es alle Instrumente auf, forte, und es war, wie wenn zarte Heimlichkeiten ans Licht gezogen würden. Mit Wehmut dachte man an die Pianopassagen. Aber auch so machte es einen schweben, und der Rhythmus, dieser wiegende, schleifende Rhythmus zuckte und warb. Sie standen unruhig, hatten sich bei den Händen gefasst, reckten sich... Und da brach die Lustigkeit prasselnd durch: in tausend kleinen Achteln, die klirrten, wie wenn glitzernde Glasstückchen auf Metall fielen, brach sie durch, die Geigen jubelten und kicherten, die Bässe rummelten fett und amüsiert in der Tiefe, und auch der Zinkenist machte kein Hehl daraus, dass ihn das Ganze aufs höchste erfreute. Der Teil wiederholte sich, wieder kletterten die Geigen in die schwindelnde Höhe, guckten von ihrem hohen Sopran in die Welt, und schließlich lösten sich die Töne auf zierliche, spielerische Weise in nichts auf. Dröhnten nicht drei Paukenschläge? – Ein Dominantakkord erklang: ein Lauf, von der Flöte gepfiffen, machte neugierig, gespannt... Und wieder ein Lauf, die Geigen folgten, die Melodie blieb auf einem neuen Dominantakkord stehen... Pause... Und das alte, süße Thema kehrte in den Geigen wieder, hier war Erinnerung, heimliche

Freuden und alles verliebte Flüstern der Welt! – Und da packte es die zwei, und sie drehten sich langsam, schwebend, und sie tanzten auf dem struppigen Rasen, schweigend, ruhig anfangs, dann schneller und schneller... Noch einmal bliesen Fanfaren königlich und stolz, kaum wiederzuerkennen, das Thema, dann wirbelten die beiden tanzend den Abhang herunter.

Und kehrten zurück und packten ein, fuhren in dem rumpligen Hotelwagen zur Bahn, bestiegen in Löwenberg den D-Zug und fuhren durch die Nacht, brausend, aufgewühlt, nach Berlin.

In die große Stadt, in der es wieder Mühen für sie gab, graue Tage und sehnsüchtige Telefongespräche, verschwiegene Nachmittage, Arbeit und das ganze Glück ihrer großen Liebe.

Fabio Volo

Ich sehe dich

Heute wollte er, dass ich während der Mittagspause zu
ihm komme. Ich bin zehn Minuten früher weg,
habe in der Nähe seiner Wohnung geparkt und bin schnell
zum Haustor gelaufen. Nicht weil ich Angst hatte, gesehen
zu werden, sondern weil ich dem rationalen Teil in mir, der
mich immer wieder mahnt, nicht zu ihm zu gehen, nicht zu
viel Zeit lassen wollte.

Seine Wohnungstür war nur angelehnt, ich habe sie auf-
gestoßen und gefragt, ob ich eintreten darf, aber keine Antwort bekommen. Alles war dunkel, bis auf eine Kerze auf
dem kleinen Tisch im Flur. Ich war versucht, wieder zu gehen, dann hab ich nach ihm gerufen. Stille.

Bei unseren Treffen habe ich immer das Gefühl, dass
Worte unpassend sind. Besonders meine.

Eine Weile bin ich reglos dagestanden und habe abgewar-
tet, was passiert. Ich hatte Angst, etwas Falsches zu tun, etwas Unangebrachtes. Gute Manieren sind in solchen Situationen immer hinderlich.

Langsam haben sich meine Augen an die Dunkelheit ge-
wöhnt. Aus dem Zimmer am Ende des Flurs schimmerte es
matt. Ich bin ein paar Schritte weitergegangen und habe
neben der Kerze auf dem Flurtisch einen Zettel entdeckt:
»Sag nichts, such nicht nach mir, tu nur, was ich dir sage.

Zieh dich aus, und lass die Kleider auf dem Fußboden. Die Schuhe behältst du an. Geh in das Zimmer mit der brennenden Kerze. Ich sehe dich.«

Ich höre noch den Klang meiner Schritte im Flur. Im Gehen dachte ich an die letzten Worte auf dem Zettel: »Ich sehe dich.«

Ich schämte mich, mich auszuziehen, stand eine Weile reglos da und versuchte, den Mut aufzubringen. Es war die letzte Gelegenheit, Reißaus zu nehmen, umzukehren und das Ganze zu vergessen, das war mir bewusst.

Ich beschloss, mich auszuziehen. Die Vorstellung, dass er mich irgendwo versteckt beobachtete, erregte mich, ich stellte mir vor, wie er nackt dastand und mich ansah. Ich ließ den Slip an meinen Beinen auf den Boden herabfallen. Ich stieg darüber und ging auf das Zimmer zu. Im Flurspiegel sah ich mein Abbild, und dort, im Halbdunkel, habe ich zu meinem Erstaunen festgestellt, dass ich mir nackt gefiel und nicht die geringste Scham mehr empfand. Ich betrat das Zimmer. Auf dem Tisch sah ich eine Kerze, einen schwarzen Fummel, eine ebenfalls schwarze Augenbinde und einen Zettel: »Zieh das Babydoll an, verbinde dir die Augen, und beug dich vor. Nicht sprechen. Berühre dich, als ob ich nicht da wäre. Wenn der Moment gekommen ist und du bereit bist, komme ich zu dir.«

Ich tat, was er verlangte. Ich war seinem Willen unterworfen. Ich beugte mich nach vorn, eine Wange auf dem Tisch. Er war kalt. Ich ließ meine Hand nach unten gleiten und begann mich zu befühlen.

Alles war still, die ganze Zeit spürte ich seine Augen auf mir, und das erregte mich mehr als meine Finger. Ich konzentrierte mich auf jedes noch so kleine Geräusch, ich wollte mitkriegen, wann er zu mir kam. Nach einigen Minuten hörte ich das Parkett knarren. Er kam näher, ich erwartete ihn. Ich begehrte seinen Körper, seine Hände, seine Lippen. Zuerst spürte ich seinen Atem, dann seinen Mund. Er küsste mich, leckte meine Beine, seine Hände fuhren unter das Unterkleidchen, ich spürte sie auf meinem Hintern und am Rücken. Ich berührte mich weiter, bis ich merkte, dass ich kurz davor war zu explodieren, und innehielt. Ich wollte nicht gleich kommen. Ich nahm die Hand fort und streckte den Arm nach vorn.

»Mach weiter, nicht aufhören«, flüsterte er mir ins Ohr. Seine warme Stimme berührte eine Stelle ganz tief in mir, die nicht einmal meine Finger erreichen konnten. Ich streichelte mich wieder, er legte seine Hand auf meine, und gemeinsam machten wir weiter.

»Willst du es?«, fragte er mich.

Ich schämte mich und gab keine Antwort.

Er berührte mein Geschlecht mit seinem.

»Sag mir, dass du es willst.«

Ich nickte und stöhnte leise.

»Ich hab dich nicht genau verstanden«, sagte er.

Ich hätte nicht gedacht, dass ich es herausbringen würde, doch ich sagte: »Ja…«

Ich war kurz davor, durchzudrehen, und wollte es unbedingt, doch heraus brachte ich nur ein armseliges »Ja«. Er drang in mich ein, so tief es ging. Er packte meine Hüften, und ich merkte, wie alles immer heftiger wurde: sein Atem, sein Stöhnen und seine Lust. Ich gab mich ihm ganz hin. Ohne ihn herauszuziehen, drehte er mich auf den Rücken. Ich konnte ihn nicht sehen, meine Augen waren ja noch verbunden, doch ich spürte ihn immer mehr. Ich kam, ich weiß nicht, wie oft. Ich, die bis dahin immer gedacht hatte, dass das nicht möglich wäre.

Irgendwann hob er das Babydoll bis über die Brüste, packte eine und drückte sie fest. Plötzlich zog er ihn raus, und ich spürte seinen Samen auf meinem Bauch. Er ließ sich auf mich fallen. Langsam beruhigte sich sein Atem. Nachdem wir eine Weile still so dagelegen hatten, stand er auf, hob meinen Kopf hoch und küsste mich auf die Lippen.

»Bleib so, nicht bewegen… und noch nicht die Augenbinde wegnehmen«, flüsterte er und ging weg.

Als er zurückkam, begann er mich mit etwas Warmem und Nassem zu säubern. Die nasse Wärme war wunderbar. Seine Bewegungen waren sanft. Er pflegte mich. Er bedeckte mich mit Küssen, dann ließ er mich auf einem Stuhl Platz nehmen. Ich sah noch immer nichts und durfte mich nicht rühren. Ich hörte das Geräusch eines Bleistifts, mit dem geschrieben wurde, dann wurde ein Zettel abgerissen, und er sagte zu mir: »Es ist Zeit, dass du dich wieder anziehst.«

Er hatte mich soeben mit einem warmen Lappen gewaschen, geküsst und gestreichelt, und nun zog er mich wieder an. Mit rührender Zartheit. Das hatte noch kein Mann getan, kein Mann hatte mich je angezogen, seit ich erwachsen war. Ich fühlte mich beschützt und geliebt, mit ihm wurde ich unversehens wieder zum Kind.

Er ließ mich aufstehen, damit er mich zu Ende anziehen konnte, legte mir seine Hand in den Nacken, um meine Haare aus der Bluse zu ziehen. Er gab mir einen Kuss auf den Mund und geleitete mich zur Tür, öffnete sie und wies mich an, die Augen zuzulassen. Dann nahm er mir die Augenbinde ab. Ich begriff nicht, worauf er hinauswollte. Wir verließen die Wohnung, er drückte mir einen Zettel in die Hand und sagte: »Zähl bis zehn, dann kannst du die Augen aufmachen.«

Hinter mir wurde die Tür geschlossen. Ich zählte bis zehn und öffnete die Augen. Das Licht blendete. Ich stand allein vor der Tür zu seiner Wohnung. Ich drehte mich um, aber er war nicht mehr da. Ich las den Zettel: »Ist das wirklich passiert, oder kommst du gerade erst?«

Mir schwirrte der Kopf. Ich wollte klopfen, um ihm wenigstens einen Kuss zu geben und in die Augen zu schauen, doch ich verstand das Spiel.

Im Auto stellte ich mir die Frage selbst. Ich hatte nichts gesehen. Alles, was ich erlebt hatte, konnte ich mir auch nur eingebildet haben.

Ich las den Zettel noch einmal: »Ist das wirklich passiert, oder kommst du gerade erst?«

Beides, das wäre mir am liebsten gewesen.

Doris Dörrie

Medusa

Als Georg mich betrog und ich fest vorhatte, mich umzubringen, überredete mich meine Freundin Susi, doch vorher noch zu ihr nach Ibiza zu kommen, wo sie und ihr Mann Ralf ein Haus gekauft hatten.

Dort blüht jetzt alles, schwärmte sie.

Das sagen alle immer, wenn sie von Ibiza reden. Ist mir egal, ob irgendwo irgendwas blüht, sagte ich.

Mensch, Apple, wie kannst du nur so negativ sein?

Ich bin nicht negativ, nur verzweifelt.

Es ist auch nicht wahr, dass alles blüht, erwiderte sie. Es ist Sommer, da blüht nix mehr.

Danke, dass du mir die Wahrheit sagst, das bin ich nicht mehr gewohnt.

Sie buchte mir einen Flug und schickte ein Taxi vorbei, dessen Fahrer so lange bei mir Sturm klingelte, bis ich ein paar Kleider in eine Reisetasche warf und die Wohnung verließ. Georgs Aftershave steckte ich in die Manteltasche.

Ich weinte, und der Taxifahrer fragte: Von wem mussten Sie sich verabschieden? Ich antwortete: Von meiner Vorstellung einer glücklichen Ehe. Betroffen schwieg er und sagte bis zum Flughafen kein Wort mehr.

Ich war gar nicht mit Georg verheiratet. Er hatte mich nie gefragt.

Betäubt saß ich im Flugzeug und aß das pappige Sandwich. Ich hätte auch den Karton gegessen, in dem es kam, wenn man mich dazu aufgefordert hätte. Mir war alles egal. In meinem Inneren rannten die Gefühle wie Hamster im Rad und nahmen mich damit so sehr in Anspruch, dass ich nach außen vollkommen apathisch erschien.

Du bist im Schock, sagte Susi, als sie mich vom Flughafen abholte. Du wirkst wie nach einem schweren Unfall.

Sie war roggenbrotbraun, trug ein Sommerkleidchen und goldene Sandalen und sah aus wie eine Zwanzigjährige mit frühzeitig gealterter Haut. Ich legte meinen Kopf auf ihre dürre Schulter, und Susi führte mich vorsichtig, aber bestimmt davon, meine treue Krankenschwester. Sie erwartete von mir nichts anderes, sie nannte mich »Katastrophenqueen«, und manchmal hatte ich in unseren langen Telefonaten bereits das Gefühl gehabt, meine glücklichen Zeiten mit Georg erstaunten und langweilten sie ein bisschen. Mädchen in Bikinis und weißen Lackstiefeln kamen auf uns zugeschwirrt und wedelten mit Flyern für den Club Amnesia. Susi drückte die Mädchen resolut zur Seite, zog mich an der Hand wie ein Kind aus der Flughafenhalle, in die heiße Nachmittagssonne.

Die Erde war rot und die Olivenbäume grün, der Himmel blau und die Häuser weiß.

Eines von diesen Häusern war das Haus von Susi, und sie klapperte mit einem großen Schlüsselbund, bis sie den richtigen Schlüssel gefunden hatte, um aufzuschließen.

Die Rumänen klauen alles, was nicht niet- und nagelfest ist, sagte sie. Alles bekommt Beine, kaum siehst du einmal weg, ist das Haus leer.

Als sie meinen erstaunten Blick sah, fügte sie hinzu: Klingt vielleicht rassistisch, aber leider ist es wahr. Ich hab hier einiges gelernt.

Aha, sagte ich lahm.

Im Haus lag ihr Mann Ralf auf dem Sofa und hielt seinen Mittagsschlaf und war also nicht geklaut worden.

Er hob die Hand und winkte, dann drehte er sich auf die andere Seite und schlief weiter. Ich kannte ihn eigentlich nur schlafend.

Er erholt sich, sagte Susi, und das wirst du jetzt auch tun.

Sie gab mir Pfefferminztee und eiskalte Melone, deren Fleisch rot und fest war und mich an eine Wunde erinnerte. Sie erklärte mir das Haus, den Garten und den Pool, den Safe. Ein Traum, murmelte ich wieder und wieder, es ist ein Traum.

Ja, seufzte Susi, das ist es. Aber ein teurer. Das Haus in Almería, das ich doch schon gefunden hatte, wäre billiger gewesen. Mit Orangenbäumen im Garten! Aber Ralf war es dort zu popelig. Zu viele Rentner mit operierten Hüften und verhornten alten Füße in Sandalen, er wollte dort nicht hinziehen. Ich schon, sagte sie lächelnd, aber das spielt ja keine Rolle.

Sie führte mich zu einer Sonnenliege und befahl mir, mich hinzulegen. Du brauchst Ruhe, sagte sie streng.

Ich legte mich auf den Rücken. Über mir raschelten die Olivenzweige, die Zikaden zirpten so laut, dass es in meinen Ohren rauschte, als bekäme ich einen Hörsturz. Eidechsen saßen auf den heißen Steinen und starrten mich bösartig an, dunkellila Bougainvilleen reckten sich sehnsüchtig in den blauen Himmel. Warum hat Georg mich belogen? Betrogen? Was bekam er nicht von mir? Wonach sehnte er sich? Die üblichen, langweiligen Fragen. Sie quälten mich wie Mückenstiche, die schlimmer und schlimmer jucken, je mehr man sie kratzt. War Georg nicht schon immer ein Lügner gewesen? Anfangs hatte er gesagt, er liebe die Sonne und das Meer, später weigerte er sich, mit mir in Badeurlaub zu fahren, weil er unter einer Sonnenallergie litt und nichts mehr verabscheute, als am Strand herumzuliegen.

Er erzählte mir, er habe vielfältige Drogenerfahrung, aber als wir dann von Freunden zum Kiffen eingeladen wurden, wusste er noch nicht mal, wie man einen Joint hält.

Seine Lieblingsfarbe sei Blau, behauptete er, aber als ich ihm zu Weihnachten einen blauen Pullover schenkte, zog er ihn nie an.

Er lobte mich für meine Kochkünste, und irgendwann hörte ich ihn am Telefon zu jemand sagen, ich sei sehr süß, aber kochen könne ich leider gar nicht.

Er beklagte sich, wir seien nicht besonders experimentierfreudig in unserem Liebesleben, aber als ich mehrmals vorsichtig vorschlug, dass wir uns Sexspielzeug zulegten, sagte er jedes Mal nein.

Apple, geh doch schwimmen, du schwitzt ja wie ein Schwein, sagte Susi und gab mir ein Handtuch.

Gehorsam zog ich mir meinen Bikini an und hasste mich, wie erwartet. Meine weiße Wampe hing über die Bikinihose, kein Wunder, dass Georg sich ansehnlicheres Fleisch gesucht hatte. Ob es jünger und strammer war, wusste ich gar nicht, nahm es aber stark an und fragte mich, was verletzender wäre: eine knackige Jüngere oder eine schon leicht ramponierte Frau in meinem Alter?

Ich stieg in den Pool. Ralf kam gähnend auf die Terrasse und sah mir dabei zu. Er kniff die Augen zusammen, als versuche er, sich an mich zu erinnern. Wir hatten nur selten miteinander gesprochen, denn vor seiner Operation hatte er meist aschfahl im Gesicht auf der Couch gelegen und gedöst. Jetzt war er braungebrannt und wirkte um Jahre jünger.

Der Pool verschlingt ein Vermögen, sagte er. Wasser ist hier so teuer wie Gold.

Entschuldigung, murmelte ich, hab ich Wasser überschwappen lassen?

Er lachte und fuhr sich durch die Haare, die auch dunkler und kräftiger wirkten als früher. Vielleicht färbte er sie.

Susi meint, dir ginge es nicht gut, sagte er.

Darauf antwortete ich nicht und blieb im Wasser, weil ich mich vor Ralf nicht im Bikini zeigen wollte.

Aber dir geht's jetzt wieder gut, sagte ich, das freut mich.

Ja, sagte er und machte eine Bewegung, als wedele er Zigarettenrauch weg. Die neue Niere funktioniert wie der Blitz.

Ich hätte ihn gern gefragt: Von wem hast du diese Niere, wem verdankst du dein neues Leben, wie fühlt es sich an? Und hast du dir geschworen, jetzt ein besserer Mensch zu sein? Aber da schwebte Susi in einem hellblauen Chiffonkleid aus dem Haus wie eine kleine Wolke.

Beeil dich, sagte sie, wir gehen jetzt zu Anita auf einen Drink.

Ich lief gebückt zur Liege, um meinen Bauch zu verbergen, hastete auf mein Zimmer, zog mir schwarze Hosen und ein schwarzes Hemd an, kämmte mir die nassen Haare und wusste, dass ich grauenvoll aussah.

Schlecht siehst du aus, Mädchen, sagte Ralf, als ich wieder herunterkam.

Danke, sagte ich, endlich sagt es mir mal jemand ins Gesicht.

Susi hat mir alles erzählt, das tut mir leid. Ich hatte keine Ahnung.

Susi blickte zu Boden und klimperte mit dem Schlüsselbund. Ich fragte mich, ob sie Ralf auch von allen meinen anderen Katastrophen erzählt hatte, um ihn zu erheitern. Ich sah sie neben ihm auf dem Sofa sitzen und sagen: Apple und die Männer, Teil siebenundzwanzig. Pass auf, dieses Mal geht es richtig schön schief. Ralf schlug die Augen auf und grinste erwartungsvoll: Schieß los.

Ich kann Ralf nichts verheimlichen, sagte Susi, ich hoffe, das ist okay.

Ist schon in Ordnung, sagte ich. Ist ja nur die Wahrheit.

So doof, nickte Ralf, wie kann man nur so doof sein. Mir war nicht klar, ob er meinte, Georg sei doof, sich von mir erwischen zu lassen, oder ob er Georgs Verhalten doof fand, oder mich, weil ich mich betrügen ließ.

Nimm deinen Bikini mit, sagte Susi. Zum Sonnenuntergang gehen wir immer im Meer schwimmen, und wie ich dich kenne, bist du eher textil.

Bin ich immer gewesen, sagte ich. Eher so der Textiltyp.

Siehst du, sagte sie, so gut kenne ich dich.

Ich holte meinen Bikini und hielt ihn während der Autofahrt in der Hand wie ein kleines nasses Tier.

Wir fuhren den langen Weg hinunter ins Dorf, die rote Erde staubte, und ab und an riefen Susi und Ralf Bauern auf den Feldern ein »*Hola!*« zu und erzählten mir, das sei Pepe, und das Marisol und das der alte Juan. Beide wirkten glücklich, dass sie die Einheimischen kannten, und diese auch zurückwinkten und freundlich lächelten. Ein Bauer stellte sich uns mit einer riesigen, obszön glänzenden Aubergine in den Händen in den Weg und gab erst Ruhe, als Susi die Aubergine auf den Schoß nahm und ihm versprach, sie noch heute Abend zu kochen.

Anita, so erklärten mir Ralf und Susi gewichtig, habe die allererste Hippiekneipe auf Ibiza gehabt und von hier aus habe alles angefangen.

Was alles?

Die Hippiebewegung.

Aber wie konnte die in einer Kneipe auf Ibiza anfangen?

Hier waren die ersten, sagte Ralf eine Spur ungeduldig, sie kamen hierher, weil die Häuser und das Leben billig waren.

Das waren noch Zeiten, sagte ich, nur um irgendetwas zu sagen.

Ja, rief Ralf, das kann man wohl sagen. Da hast du noch Häuser mit Meerblick für 'n Appel und ein Ei bekommen.

Wir hatten damals aber weder einen Appel noch ein Ei, wandte Susi ein, und beide kicherten blöd.

Apple, sagte Susi kopfschüttelnd, hat deine Hippiemutter jemals kapiert, was sie dir mit diesem Namen angetan hat?

Nein, sagte ich, aber sie meint, es sei doch für mich jetzt besser als früher, damals hätte niemand so geheißen und heute wisse immerhin jeder, wie mein Name buchstabiert wird.

Aber wer möchte schon heißen wie ein Computer?, fragte Ralf.

Ist ja gut, sagte Susi. Lass sie in Ruhe. Sie küsste ihn zärtlich auf die Wange. Ich sah ihr dabei zu und versuchte, mir Georg und mich vorn und Susi mit Liebeskummer auf dem Rücksitz vorzustellen, aber das klappte nicht. Die Rollen waren klar verteilt.

Warst du nicht als Kind mit deiner Mutter in Torremolinos und hast Schmuck am Strand verkauft?, fragte Susi, als sie mit Küssen fertig war.

Nein, log ich schnell, weil ich keine Lust hatte, über meine Mutter zu reden. Das musst du verwechseln.

Ich dachte, du hättest mir mal so was erzählt. Doch, ich erinnere mich, das hast du mir erzählt. Du hast mit deiner nackten Mutter in 'nem Zelt am Strand gewohnt …

Ralf drehte sich nach mir um. Das würde einiges über dich erklären, sagte er. Susi schlug ihm mit der flachen Hand auf den Hinterkopf. Guck auf die Straße, sagte sie, und werd nicht frech.

Ich beneidete die beiden. Und obwohl ich nicht von meiner Mutter geredet hatte, saß sie bereits neben mir auf dem Rücksitz, lachte fröhlich und sagte: Ich hab's deinem Georg gleich angesehen. Der lügt und betrügt.

Bei Anita hockten wir auf sehr unbequemen kleinen Stühlen auf der Straße in einer gefährlichen Kurve, und bei jedem Auto, das um die Ecke bog und mich fast umnietete, malte ich mir aus, wie mein Begräbnis aussehen würde. Ob Georg meine Leiche nach Deutschland überführen würde? Das war teuer, und unsinnig, denn mein Grab würde er wahrscheinlich sowieso nicht besuchen, also könnte er mich auch hier, auf Ibiza, begraben lassen. Würde ich einen Stein bekommen oder ein schlichtes Holzkreuz, oder käme ich in eine dieser spanischen Schubladen mit Plastikblumen wie vom Schießstand am Frühlingsfest? Würde er für mich in dieser weißen Kirche vor meinen Augen eine Messe lesen lassen, weil ich ja immerhin noch Kirchenmitglied war und brav meine Kirchensteuer bezahlte?

Immer wieder hat er mich deswegen gestichelt, mich einen religiösen Trottel genannt. Mit vierzehn, als ich bei einer anderen Familie lebte, weil meine Mutter sich in einen Kerl in Holland verknallt hatte, hatte ich mich taufen und firmen lassen, weil ich irgendwo dazugehören wollte. Ich liebte die verlässlichen Rituale der Kirche und die immer gleichen Geschichten. Eine Zeitlang ging ich damals jeden Tag, betete inbrünstig und erhoffte mir Visionen wie die heilige Katharina, die mein heimliches Vorbild war. Ich spielte mit dem Gedanken, Nonne zu werden, damit meine Mutter mich nur noch zweimal im Jahr durchs Fensterchen in der Klostermauer sehen dürfte. Als sich allerdings trotz heftigen Betens, Fastens und sogar Kasteiens mit Reißzwecken, die ich mir ins Fleisch bohrte, keine Visionen einstellten, fiel ich mehr und mehr vom Glauben ab. Bis heute habe ich es jedoch nicht übers Herz gebracht, aus der Kirche auszutreten, obwohl ich viel Geld sparen würde.

Auf einer Reise nach Italien habe ich Georg dazu bringen wollen, wenigstens einzugestehen, dass der Katholizismus grandiose Kunst hervorgebracht hat. Er machte die dämliche Rechnung auf, wie viele Menschenleben die katholische Kirche auf dem Gewissen habe, und da verzichte er gern auf alle Kunstschätze Italiens inklusive der Sixtinischen Kapelle.

Ich nicht, sagte ich leise.

Mein bigottes Tantchen du, sagte er und knabberte an meinem rechten Ohr. Immer am rechten, weil er es überwältigend schön und formvollendet fand.

Mein rechtes Ohr vermisste ihn jetzt gerade, und ich konnte mich den Bruchteil einer Sekunde lang nicht erinnern, warum ich ihn nicht einfach anrief und nach Hause fuhr.

Wir trinken hier immer ein kleines Bier und essen ein paar Oliven, sagte Ralf.

Er isst und trinkt jetzt den ganzen Tag, weil er so lange nicht durfte, erklärte Susi.

Ich nickte stumm. Susi erschien mir Ralf komplett ergeben, fast devot, als könne sie immer noch nicht fassen, dass Ralf überlebt hatte.

Schöne Menschen stiegen aus staubigen Jeeps und strömten in das Restaurant. Ich hörte Deutsch, Italienisch, Französisch, die Frauen trugen balinesische Sarongs und bauchfreie Oberteile, die Männer dunkelblaue Leinenhemden und Khakihosen, genau wie Ralf. Lässig hob er die Hand, grüßte und wurde zurückgegrüßt, murmelte: Das ist der Drummer von Uriah Heep, das ist der Produzent von Peter Maffay, und das der Toningenieur von John Mayall. Sie alle hatten lange graue Haare, die verdächtig nach Extensions aussahen, das fiel mir noch auf, da rief Susi fröhlich: Und weiter geht's!, und sprang auf. Ich trank mein Bier in einem Zug aus und fühlte mich schlagartig betrunken.

Wir fuhren an den Strand. Mir war schlecht vor Kummer und Verwirrung. Auf dem Rücksitz überlegte ich, wie ich mich elegant aus dem Seitenfenster beugen könnte, um mich zu übergeben, oder was Ralf dazu sagen würde, wenn ich in seinen Nacken spuckte.

Am Strand eilte Susi in eine kleine Strandbar und gab über die Theke hinweg dem verwitterten Barkeeper einen Kuss, während Ralf und ich stumm auf sie warteten. Von allen Seiten wurde Susi von coolen, hübschen, selbstsicheren Menschen begrüßt, sie deutete ein ums andere Mal auf mich, ein vertrautes Gefühl aus der Pubertät stellte sich ein: die Uncoole, die Andere, die da hinten zu sein. Meine Schritte auf dem Holzboden wurden lauter, mein Schatten größer und dicker, als hätte ich einen gigantischen Körper. Ich fühlte mich riesenhaft und ungelenk, roch meinen eigenen Schweiß, und mein ganzes Wesen versuchte, sich für meine Existenz zu entschuldigen.

Vámonos, rief Susi aufgekratzt und lief an den Strand hinunter, seufzend folgte ich ihr. Ralf zog sich im Handumdrehen splitterfasernackt aus und sah mich auffordernd an. Ich betrachtete neugierig seine rote Narbe, die sich sichelförmig vom Bauchnabel nach unten zog.

Er bemerkte meinen Blick und sagte: Früher hat man vom Rücken aus operiert. Heute ist das alles Routine. Alte Niere raus, neue rein und tschüss. Nach sechs Stunden war ich wieder raus aus dem OP. Am nächsten Tag bin ich schon den Krankenhausflur auf und ab spaziert. Nicht zu fassen. Man kapiert's nicht wirklich. Plötzlich darf man wieder leben, als hätte jemand mit dem Zauberstab gefuchtelt. Ziehst du dich heute noch aus?

Ich setzte mich daraufhin in den Sand und sah nun seine Genitalien von unten. Seine Schamhaare waren ein wenig schütter, aber sein Penis erstaunlich lang und jugendlich. Er trat keinen Schritt zurück, sondern überließ ihn stolz meiner Betrachtung, bis Susi kam und sich ebenfalls entkleidete.

Sie trug ihre Schamhaare rasiert, wie es gerade Mode war. Fast jede nackte Frau an diesem Strand hatte die gleiche Schamhaarfrisur, was den meisten nicht stand, denn es ließ ihre Unterbäuche faltig aussehen und zeigte unvorteilhaft ihre schlappen Schamlippen. Keine schien sich dessen bewusst zu sein, oder aber sie fanden es selbst sexy, oder befreit. Ich hatte keine Ahnung. Ich wollte meine Freundin nicht so sehen.

Sag ich doch, du bist eine Textile, sagte Susi von oben zu mir, und trotzig zog ich mir jetzt noch nicht einmal den Bikini an, sondern nur die Hose aus, und blieb in meinem schwarzen Hemd im Sand sitzen wie eine alte Spanierin.

Susi und Ralf nahmen sich an den Händen und sprangen über die Wellen. Ich sah Georg und die Frau, mit der er mich betrog, durchs Wasser hüpfen, und beide wirkten von hinten schlank und knackig. Von vorn wahrscheinlich auch. Georg hatte vor Monaten eine Diät begonnen und fast zehn Kilo abgenommen. Das hätte mich stutzig machen sollen, stattdessen freute ich mich über seine neu erwachte Eitelkeit und fragte mich kein einziges Mal, wem sie eigentlich galt. Es war mir peinlich, dass nichts an seinem Betrug originell war.

Zwei junge Männer bauten sich vor der Brandung auf und spielten im T-Shirt, aber ohne Unterhosen Beachball. Warum? War es ihnen so angenehmer? Ich verstand ihr Verhalten nicht. Ich verstand nichts mehr. War es ein Fehler gewesen, wegzufahren? War ich geflohen und hätte eigentlich standhalten sollen, wie ein guter Samurai? Mein Gehirn produzierte in erstaunlicher Geschwindigkeit den immer gleichen Gedankensturm, der mich jedes Mal aufs Neue folterte.

Die anderen Menschen, einschließlich der beiden halbnackten Ballspieler vor mir, schienen ihre Gedanken und Gefühle im Griff zu haben, als kennten sie alle einen Trick, nur ich nicht.

Der Sturm wurde zu mächtig für meinen Brustkorb und bahnte sich heulend einen Weg ins Freie. Ich lief in meinem schwarzen Hemd ins Meer. Das Wasser war warm und mild, so wie ich mir Fruchtwasser vorstelle. Die Tränen, die mir über das Gesicht liefen, ließen sich nicht mehr vom Meerwasser unterscheiden, und auch ich selbst verschmolz mit den wogenden Fluten. Seegras wiegte sich in der Tiefe wie zu Musik. *Der kleine Wassermann* fiel mir ein, ein Kinderbuch, das ich öfter gelesen hatte als jedes andere. Er lebte glücklich unter Wasser, seine Schwester wollte ich als Kind so gern sein, Schwimmhäute zwischen Fingern und Zehen bekommen und lange, seetanggrüne Haare wie er. Ich tauchte und durchquerte türkisblaue, warme Stellen und eiskalte, rabenschwarze Löcher. Bis Mallorca wollte ich schwimmen, oder besser noch: gleich bis Barcelona, wo ich rank und schlank und guten Mutes an Land gehen würde, als neuer Mensch, befreit von meiner ganzen bescheuerten Vergangenheit.

Stattdessen berührten mich am Unterschenkel die fahlen Finger eines Gespenstes, so kam es mir vor, und kurz darauf brannte mein linkes Bein wie Feuer. Wie konnte etwas unter Wasser brennen? Ich heulte jetzt nicht mehr, sondern schrie wie am Spieß, aber da ich so weit hinausgeschwommen war, hörte mich niemand. Ich fühlte mein Bein kaum noch und paddelte unbeholfen und panisch umher, schluckte Wasser und kriegte es in die Augen. Leg dich auf den Rücken, befahl ich mir mit der Stimme meiner Mutter, leg dich auf den Rücken!

Ich gehorchte ihr, wie ich ihr immer gehorcht habe, und tatsächlich beruhigte ich mich ein wenig, auch wenn mein Bein nicht aufhörte zu brennen. Unendlich langsam paddelte ich zurück zum Strand. Susi stand im flachen Wasser und stützte die Arme in ihre nackten Hüften.

Wo bleibst du denn?, herrschte sie mich an.

Qualle, stammelte ich, Feuerqualle.

Sie legten mich auf ein Handtuch und versammelten sich um mich wie um ein interessantes Fundstück. Ich sah jetzt sehr viele nackte Genitalien von unten. Ein kahler Spanier mit goldenen Ohrringen rief nach einer Kreditkarte, und jemand reichte ihm eine schwarze American-Express-Karte, mit der er über mein Bein schabte.

Medusas, sagte er.

Quallen. Sie heißen auf Spanisch *medusas,* sagte Susi zu mir wie in einem Volkshochschulkurs.

Es entstand eine kleine Diskussion zwischen dem Spanier und den anderen Männern, Ralf wandte sich kopfschüttelnd ab.

Mensch, Ralf, sagte Susi lachend. Jetzt stell dich nicht so an. Diesen kleinen Freundschaftsdienst könntest du echt leisten!

Mach du doch, sagte er und ging ein paar Schritte weg.

Susi sah den Spanier an, der daraufhin achselzuckend

seinen Penis griff, wie ein Feuerwehrmann auf mein Bein richtete, und einen dicken Strahl auf die verbrannte Stelle pinkelte. Ich schrie vor Schmerzen, und alle lachten. Der Spanier schüttelte ab.

Gracias, sagte ich artig.

De nada. Er grinste und entfernte sich dann mit allen anderen außer Susi. Sie tätschelte mir die Schulter.

Wir holen uns jetzt einen Drink, sagte sie, magst du auch was?

Mit zusammengebissenen Zähnen schüttelte ich den Kopf. Der Schmerz war nicht kleiner geworden. Mein Bein stand weiterhin in Flammen.

Geht nur, sagte ich.

Ich blieb auf dem Handtuch zurück und fühlte mich jetzt wie eine alte Qualle am Ostseestrand, über die sich ein paar Kinder gebeugt, in der sie rumgestochert hatten, und die jetzt langweilig geworden war. Selbstmitleid überflutete mich. Ich hangelte nach meinem Telefon und fand natürlich keine Nachricht von Georg. Reflexartig rief ich meine Mutter in Torremolinos an, wohin ich sie geschickt hatte, damit ich mal eine Pause von ihr bekam. Ich rief an, obwohl sie mich eigentlich nie tröstete, sondern mir meist das Gefühl gab, komplett versagt zu haben. Aber sie ging nicht ans Telefon. Ich googelte Medusa und lernte, dass sie eine schöne Frau gewesen war, bevor Pallas Athene sie in ihrem Tempel mit Poseidon erwischte und sie in ein geflügeltes Ungeheuer mit Schlangenhaaren, Vampirzähnen, glühenden Augen und heraushängender Zunge verwandelte, bei dessen Anblick jeder zu Stein wurde. Ich fand diesen Aufzug ziemlich cool, und an Athenes Stelle hätte ich mich selbst so verwandelt und Georg dafür in einen Findling. Aber da ich keine griechische Göttin, sondern ein deutsches Weichei war, zuckten mir stattdessen die Finger, und fast hätte ich Georg angerufen und ihn um Verzeihung dafür gebeten, dass ich ihm nicht mehr gefiel.

Susi und Ralf winkten mir aus der Strandbar, aus der jetzt Musik in Fetzen herüberschallte. Ich erkannte *Brown Sugar* von den Stones, bei dem Song musste ich immer an braunen Rohrzucker denken und nicht an Heroin.

Das Meer färbte sich silbergrau, und die Sonne wollte unbedingt kitschig aussehen. Ein kühler Wind kam auf, widerstrebend zogen sich die letzten Nackten an. Ein blasser junger Mann von etwa fünfundzwanzig in einer roten Badehose, mit Brille und beginnender Glatze, stolperte über mein Handtuch.

Eine Frau um die fünfzig in einem indischen Wallekleid ging an seiner Seite und entschuldigte sich auf Spanisch bei mir. Erst jetzt fiel mir auf, dass der junge Mann einen kleinen Kescher, ein rotes Sandeimerchen und eine gelbe Schaufel trug.

Er ließ sich auf die Knie fallen und begann, konzentriert mit der Schaufel im Sand zu buddeln. Die Frau im Wallekleid küsste ihn auf den Scheitel, stellte sich neben ihn und sah mit untergeschlagenen Armen aufs Meer.

Der Spanier, der auf mein Bein gepinkelt hatte, kam, immer noch nackt, mit zwei orangefarbenen Drinks in der Hand zu ihr. Er gab ihr einen Drink und legte den Arm um ihre Schultern, während der junge Mann zu ihren Füßen im

Sand spielte wie ein kleines Kind. Ich schämte mich und nahm mir vor, nicht länger wehleidig zu sein.

Als ich jedoch wieder mit Ralf und Susi im Auto saß, dachte ich an Autofahrten mit Georg, an seine Hand auf der Gangschaltung und auf meinem Oberschenkel, und an seine Hand auf dem Schenkel einer anderen.

Das Schmerzliche daran war nicht so sehr die andere als meine Schwäche und Austauschbarkeit. Ich wäre gern eine wütende Athene gewesen, aber mir fehlten die Kraft und der Mut. Ich war nur eine spießige kleine Urschel, die noch nicht einmal ein einziges Sexspielzeug besaß.

Ralf und Susi führten mich in ein Restaurant, das inselweit bekannt sei. Was ja nicht so schwierig war, gemessen an der Größe der Insel.

Susi küsste die Kellnerin auf die Wangen und bestellte für uns alle, ohne uns zu fragen.

Tja, sagte Ralf. So ist sie eben. Sie weiß, was für uns gut ist.

Apple isst kein Fleisch, und du isst nur Fleisch, seit du wieder darfst, sagte Susi. Ist doch ganz einfach. Und ich habe keine Regeln und esse alles.

Ja, lächelte Ralf, du hast keine Regeln, das ist leider wahr. Er wandte sich an mich. Brennt's noch?

Ich nickte knapp, um nicht zimperlich zu erscheinen, aber Susi sah mich an wie einen elenden Hypochonder.

Es fehlen die Thunfische, die die Quallen fressen, das ist das Problem, sagte Ralf.

Die Thunfische haben wir gefressen, sagte Susi.

Hast du auch Tomatensalat bestellt?, fragte Ralf.

Claro. Susi legte ihre Hand auf seine. Ich kann in Deutschland überhaupt keine Tomaten mehr essen, die schmecken so nichtssagend.

Wie das ganze Land, ergänzte Ralf.

Ja, ja, sagte ich und beschloss, frech zu werden, aber kommen unsere Tomaten nicht auch aus Spanien?

Ja, aber die sind vollgepumpt mit Dünger. Die würde ein Spanier nicht anrühren. Auch diese Dreierpackung Paprika rot-grün-gelb gibt es nur für den Export, für die deutschen Deppen.

Danke, sagte ich.

Das Leben ist hier einfach sinnlicher, sagte Susi, nahm Ralfs Hand und biss spielerisch hinein.

Auf Ibiza wird man zum Tier, sagte Ralf, und Susi kicherte wie ein junges Mädchen. Sie trug ein tief ausgeschnittenes, feuerrotes Kleid, das dritte an diesem Tag. Ihre Brüste könnten einen BH vertragen, dachte ich. Ich aß den Tiegel mit dem Alioli fast allein auf, und Susi und Ralf sahen mir dabei zu. Sie achteten auf ihre Figur. Ich brauchte meine nicht mehr. Wir schwiegen so lange, bis uns allen gleichzeitig auffiel, dass wir uns nichts zu sagen hatten.

Kleine Preisfrage, fragte Ralf, welches ist eurer Meinung nach das größte Wunder? Das allergrößte Wunder der Welt?

Susi stöhnte. Bitte nicht.

Kommt schon, sagte Ralf, strengt euch an.

Schnee, sagte Susi.

Falsch.

Ein Parkplatz in Schwabing, sagte ich.

Deine Welt ist ziemlich klein, lachte er. Los, überlegt mal.

Ein Regenbogen, bot Susi an.

Dass man von den Geschirrspültabs nicht mehr die Plastikhülle abpulen muss, sagte ich.

Jetzt gib uns schon die Antwort, du Besserwisser, sagte Susi.

Ralf holte Luft. Das größte Wunder ist, dass wir wissen, dass wir sterben werden, und trotzdem jeden Tag wieder so tun, als gälte das nicht für uns.

Danke, sagte Susi trocken, ich tue im Moment gern so, als gälte es nicht für dich. Und du könntest auch mal kurz aufhören, ständig über den Tod nachzudenken.

Mach ich gar nicht. Im Gegenteil, ich wollte nur die Stimmung ein bisschen aufheitern, sagte Ralf.

Erschrocken hielt ich inne. Verderbe ich euch die Stimmung?

Sei nicht blöd, sagte Susi, aber Ralf schien nicken zu wollen.

Das war jetzt wirklich nicht lustig, sagte Susi zu Ralf.

Soll ich einen Witz erzählen?, fragte Ralf. Susi stöhnte.

Ich hatte das deutliche Gefühl, dass es an mir war, etwas für die Stimmung zu tun, aber mir fiel einfach nichts ein.

Ich bin ein Trauerkloß, sagte ich. Tut mir leid.

Ralf seufzte. Susi bemühte sich, mitfühlend dreinzuschauen. So eine Scheiße, sagte sie milde. Beide betrachteten mich wie hilflose Eltern.

Aber wie der Typ auf mein Bein gepinkelt hat, das war lustig, sagte ich, und zum Glück lachten beide, und ich lachte mit.

In der Nacht brannte mein Bein weiterhin wie Feuer. Ich wälzte mich aus meinem schweißgetränkten Bett, ging hinauf aufs Dach und legte mich auf die warmen Ziegel.

In den Sternen über mir konnte ich nur den Großen und den Kleinen Wagen ausmachen und den Gürtel des Orion. Mehr Sternbilder kannte ich nicht.

Jemand kam auf nackten Füßen die Treppe herauf. Susi legte sich neben mich.

Schläfst du?, flüsterte sie.

Nein, flüsterte ich zurück.

Fährst du mit mir nach Ibiza-Stadt?

Aber es ist schon zwei Uhr in der Nacht.

Sie lachte leise. Da fängt es doch hier erst an, sagte sie und nahm meine Hand. Komm schon. Sei nicht so langweilig.

Ich bin gern langweilig.

Ich will dir was zeigen.

Was willst du mir denn zeigen?

Wart's ab, sagte sie.

Und kommt Ralf nicht mit?

Darauf antwortete sie nicht.

Sie zog mich an der Hand durch die überfüllten Straßen der Altstadt. Horden von Mädchen in abgeschnittenen Shorts und Miniröcken mit mehr oder weniger gut geformten, braungebrannten Beinen staksten auf Stöckelschuhen umher, junge, schwitzende Männer in T-Shirts und Shorts standen herum und rauchten nervös, ein Summen lag in der Luft wie in einem Bienenstock. Diskotickets wurden von schmierigen Aufreißern gehandelt wie Drogen. Die Frauen rangen theatralisch die Hände und schmachteten sie aus zu dick geschminkten Augen an, legten die frisierten Köpfe schief und bettelten um Einlass. Angegraute Ehepaare sahen von den Cafés aus misstrauisch dem Treiben zu. Wegen der Hitze schlief anscheinend niemand auf dieser Insel.

Susi führte mich immer weiter hinein in das Gedränge. Asiatinnen standen vor den Clubs und wedelten mit Getränkegutscheinen, die sie jedem in die Hand drückten außer mir. Ich fühlte mich abgewiesen und seltsam verletzt. Eine Gasse weiter gab es kaum noch Frauen, dafür begegnete uns eine alte Tunte in einer kurzen Kellnerinnenuniform mit weißgestärkter Schürze und Häubchen auf dem blondgefärbten Haar. Weißer Puder hatte sich tief in die Falten ihres Gesichts gegraben, der Mund war grell pink überschminkt, und an ihren Augenlidern klebten falsche Wimpern. Sie schwitzte in ihrem Kostüm und wedelte sich mit einem Fächer Luft zu.

Nur widerwillig machte sie Platz, um uns passieren zu lassen.

Hallo Harry, sagte Susi, und die Tunte nickte gnädig. Susi zog mich in einen Hauseingang und legte den Finger an die Lippen. Ich war müde, mein Bein brannte.

Susi, was machen wir hier?

Pscht, machte sie und spähte aus dem Hauseingang auf die enge Straße. Männliche Liebespaare aller Nationalitäten und jeden Alters promenierten an uns vorbei. Wir warteten lange, und ich hatte keine Ahnung, warum oder auf was. Susi steckte sich eine Zigarette an. Wir standen im Dunkeln, und ich hatte immer mehr das Gefühl zu verschwinden. Das war zunehmend angenehm, und als mich Susi mit einem

Mal am Arm packte, fühlte ich mich gestört. Sie zog mich tiefer in den finsteren Hauseingang und deutete gleichzeitig hinaus. Ich erkannte ihn nicht gleich. Er hatte den Arm um die Schultern eines jungen schwarzhaarigen Mannes gelegt und presste seinen Mund auf dessen Lippen. Der junge Mann trug Hosenträger über seinem nackten, glänzenden Oberkörper. Ralf ging vorbei, ohne uns zu entdecken.

Susi schnipste ihre Zigarette in die Ecke.

Das wolltest du mir zeigen?, fragte ich.

Am Ende verlierst du, sagte sie leise, ganz gleich, wie. Sie trat aus dem Hauseingang zurück auf die Straße. Du bemitleidest dich ein bisschen zu sehr.

Ich war beleidigt, wollte aber dennoch wissen, wie sie damit zurechtkam.

Wer sagt, dass ich das tue? Sie lachte laut mit offenem Mund, als wolle sie etwas ausspucken, das ihr in der Kehle festsaß. Jahrelang habe ich Angst gehabt, dass ich ihn verliere, weil er keine Niere mehr bekommt, und ich allein zurückbleibe. Und jetzt lebt er mit seiner neuen Niere ein ganz neues Leben, und ich bin auf andere Art allein.

Ganz plötzlich ist er schwul?, fragte ich ungläubig.

Anfangs wollte er es nur ausprobieren, aus purer neuer Lebenslust, und war erstaunt, wie gut es ihm gefiel. Jetzt glaubt er, er sei eigentlich schon immer schwul gewesen und habe sich bloß nie getraut.

Du hast ihn nicht verloren, stellte ich kühl fest, ihr lebt immerhin noch zusammen.

Darauf antwortete sie nicht mehr. Stumm gingen wir zurück zum Auto. Anstatt jedoch nach Hause zu fahren, hielt Susi vor dem Pacha, Diskothek der ersten Stunde. Ohne mit der Wimper zu zucken, zahlte sie 80 Euro Eintritt und sah mich auffordernd an.

Susi, begann ich, mein Bein tut weh, ich bin müde.

Papperlapapp, sagte sie, wir haben beide was zu vergessen.

Ich wollte ihr diese Gelegenheit nicht verderben.

Heute ist Hippienacht, sagte sie grinsend.

Oh Gott, stöhnte ich, das pack ich nicht.

Rosa und blaues Licht umzuckte uns. Eine schweißnasse Menge mit Afroperücken und bunten runden Sonnenbrillen wogte zur Musik von Pink Floyd, Jefferson Airplane und den Doors, auf kleinen Emporen bogen sich fast nackte junge Frauen und Männer mit bemalten Körpern als Vortänzer. Uralte Hippies mit Lederbändern im schütteren Haar und tief zerfurchten Gesichtern zogen wie Lemuren an mir vorbei.

Mit untergeschlagenen Armen lehnte ich mich an eine Säule und sah Susi zu, die sich auf die Tanzfläche stürzte wie von einem Sprungbrett. Bald hatte ich sie aus den Augen verloren. Stroboskopblitze peitschten durch den Raum, die Masse verschwamm zu einem amorphen tausendarmigen und tausendfüßigen Wesen, das keuchend daran arbeitete, ans Ziel zu kommen, alles zu vergessen, die Vergangenheit und die Zukunft. Ich saß auf der Decke meiner Mutter und bewachte ihren Schmuck, während sie mit dem Bankangestellten hinter den Felsen ging. Sie war die Schönste von allen, ihre langen, sonnengebleichten Haare kringelten sich über ihrem braungebrannten Busen, ihr vorn geknoteter Sarong sprang bei der kleinsten Bewegung auf und ließ jeden ihre Scham sehen. Ihre Augen leuchteten grün wie der Frühling in Deutschland, und ihr Lachen becircte alle, selbst mich. Ich liebte sie abgöttisch und verfluchte sie.

Ein junger Mann, halb so alt wie ich, zupfte mich am Ärmel. Er trug eine Afroperücke und ein lila glänzendes Hemd wie beim Fasching.

Báilas?, schrie er, und als ich ihn nicht verstand, rief er es noch ein Mal. *Báilas?* Tanzt du?

Sí, schrie ich endlich, setzte mein Medusenhaupt auf, Schlangen züngelten um meine Stirn, meine Augen begannen zu glühen, ich streckte die Zunge heraus. Der junge Spanier wurde nicht zu Stein, er lachte und nahm meine Hand.

Banana Yoshimoto

Mumie

Junge Frauen, noch keine zwanzig, sind meistens ziemlich eingebildet. Mit ihrem Köpfchen glauben sie, die Welt zu kennen, schon alles gesehen und erlebt zu haben. Natürlich war es bei mir nicht anders. Auch hat man oft seine Launen, ist ohne ersichtlichen Grund widerborstig und gereizt. Das müssen die Hormone sein. Spielen sie verrückt, können sie die Sinneswahrnehmung extrem schärfen. Ein kurzes, helles Leuchten wie ein sich schillernd über den Himmel spannender Regenbogen. Und ganz selten trifft man auf jemanden, der genau wittert, in welchem Zustand man sich befindet.

Es war erst Juni, aber der Pharmazieunterricht ödete mich bereits furchtbar an. Auf dem Heimweg von der Uni trottete ich lustlos durch den abendlichen Park, als ich hoch am Himmel einen leuchtenden Farbschweif entdeckte. Langsam, langsam löste er sich auf, und plötzlich dachte ich: So einen Himmel wirst du vielleicht länger nicht mehr sehen…

Ich hatte richtig geahnt. Wenig später begegnete ich einem jungen Mann, den ich schon häufig gesehen hatte. Er wohnte in der Nachbarschaft. Von ihm ließ ich mich abschleppen und einsperren, und so konnte ich tatsächlich eine Weile nicht mehr nach Hause zurück.

Ich wusste nur, dass Tajima Doktorand war und die Hälfte des Jahres in Ägypten verbrachte, um bei archäologischen Ausgrabungen mitzuhelfen. Sonnengebräunt und gertenschlank, wirkte er, betont noch durch seine Brille, wie ein netter Nachhilfelehrer, der sich bestimmt nicht über mangelnden Erfolg bei Frauen beklagen musste. Seine Augen hatten mir von Anfang an gefallen. Wenn wir uns auf der Straße begegneten, grüßte ich immer.

»Guten Abend«, sagte ich, ohne mir etwas zu denken, und senkte leicht den Kopf. Er lächelte.

»Ich arbeite gerade an einem Aufsatz und wollte ein wenig frische Luft schnappen«, sagte er. »Letzten Monat wurde in diesem Park jemand ermordet. Besser, du läufst hier nicht allein herum. Soll ich dich begleiten?«

Wer sagt mir denn, dass ich dir trauen kann?, dachte ich, hielt mich aber zurück.

»Hat man den Täter noch nicht erwischt?«

»Nein, auch bei uns an der Uni wurde ermittelt. Wir sind ja oft bis spätnachts da, und wir haben Werkzeuge, mit denen man einen Menschen zerstückeln könnte...«

»Ist der Tote denn zerstückelt worden?«

»Scheint so. Es fehlt nur noch der Kopf.«

»Der Kopf...«

In dem Augenblick, als meine Hand sich an den Hals legte, konnte ich in seinen Augen lesen, was für ein Schicksal mich bald erwarten würde.

Bedrängt durch die hereinbrechende Dämmerung und den Gedanken, er wisse vielleicht, wer der Mörder sei, wurde mir immer mulmiger. Ich stellte mir vor, wie sich der Mörder irgendwo im Dunkeln versteckte, und überlegte keine Sekunde länger. Vernünftig konnte man den Entschluss nicht nennen, aber bei den Menschen gibt es keine feste Brunstzeit, das Feuer der Begierde kann sie jederzeit, von einem Moment auf den andern, erfassen. Auch das war wohl ein Grund, warum ich ihm folgte. Dieses Leuchten in seinen Augen, ein unwiderstehliches betörendes Etwas… Wäre ich ein wildes Tier gewesen, hätte ich längst die Flucht ergriffen. Hätte die Gefahr für Leib und Leben erkannt. Aber naiv, wie ich war, ließ ich meinem Trieb freien Lauf. Dabei hätte ich in diesem Moment noch fliehen können, die letzte Chance.

Zu spät. Zwischen den dunklen Silhouetten der Bäume tauchten wir schon ein in eine noch viel dunklere Welt, die nur uns beiden gehörte.

In der Nähe meiner Wohnung sagte er plötzlich: »Es wäre schade, wenn wir uns jetzt einfach verabschieden würden.« Seine Augen blickten ernst.

»Was heißt das… Du denkst an eine Verabredung oder so was?«, fragte ich.

Er war überhaupt nicht mein Typ. Was er erzählte und womit er sein Leben verbrachte, interessierte mich nicht. Nur dieses Gefühl, wenn ich neben ihm herging… Das Gefühl, von etwas umschlungen zu werden… Nur das war's, was mich fesselte. Mich mit ihm vor dem Bahnhof oder in einem Café zu verabreden, konnte ich mir nicht im Traum vorstellen. Was soll dieser Quatsch, dachte ich und wollte mich davonmachen.

»Warte! Ich möchte dir etwas zeigen.«

Die Straße in der Abenddämmerung war menschenleer.

Er umklammerte mich. Es roch muffig, wie ein alter, abgetragener Pullover. Wenn ich nicht mit ihm gehe, wird er mir sicher nachstellen und mich umbringen... Es wird alles nur noch länger dauern... Je früher es vorbei ist, desto besser, dachte ich. Ach was, vielleicht *wollte* ich ja mit ihm gehen. In dem Moment wünschte ich mir nichts sehnlicher, als einen Teil meines Körpers mit dem seinen zu vereinen. Sein Feuer griff auf mich über. Ein Feuer, das ich noch nie gespürt hatte, unangenehm, fiebrig, gefräßig, und das mich doch irgendwie faszinierte, mich im Innersten berührte.

Sein Studio war groß und geräumig – ein ausgebauter Speicher, der ursprünglich zum Anwesen des Vermieters gehörte. Unter dem hohen Dach befand sich eine Galerie, zu der eine Leiter führte. Da saß ich nun, während er Kaffee kochte, in diesem fremden Raum und schaute angespannt zu, wie die Fensterscheiben mit Dampf beschlugen. Überall lagen gruselige Dinge herum. Dinge wie aus alten ägyptischen Gräbern: Pfeilspitzen, ein Krokodilskopf aus Stein, Tonscherben, seltsame Figuren, Töpfe...

»Du wolltest mir etwas zeigen.«

Was für eine dämliche Bemerkung, dachte ich, wo wir doch beide nur das eine im Kopf hatten.

»Später.«

Als könnte er meine geheimsten Gedanken lesen, stieß er mich jäh auf die Tatamimatte.

Sein Körperbau, sein Gesichtsausdruck, während wir es machten, sein aufdringlicher, wie aus Pornofilmen abgeschauter Sex – nichts von dem mochte ich. Das Eindringen erregte, ja interessierte ihn nicht. Seine ganze Begierde entzündete sich nur am Gucken. Mir auch meinen Spaß zu gönnen schien ihm kaum einen Gedanken wert. Zwar gelangte ich im Nu und gleich mehrmals zum Höhepunkt, aber ohne dieses vertraute Gefühl wie sonst beim Sex. Es war ein merkwürdiger, bizarrer Genuss, und trotzdem…

Diese unglaublich dünnen Arme, die hervortretenden Rückenwirbel, die kräftige Behaarung, die langen Wimpern, wenn er seine Brille abnahm, die dunkle, sonnengegerbte Haut – das alles zog mich unglaublich an. Auch dass er von Anfang bis Ende kein einziges Wort sagte, riss mich in seinen Bann.

Es fühlte sich genau so an wie früher, wenn wir mit der Familie zum Strand gingen und ich mich am Wellenrand hinlegte. Der wasserdurchspülte Sand bewegte sich unter meinem Körper hin und her, und obwohl der Sand mehr und mehr in den Badeanzug drang und ich genau wusste, wie mühsam es sein würde, ihn wieder wegzukriegen, ließ ich es gern geschehen… So ein Gefühl. Zuerst sträubt man sich dagegen, aber sobald der Widerstand überwunden ist und man sich der sanften Gewalt des weichen, nasswarmen Sandes ergibt, möchte man am liebsten ewig liegen bleiben.

Als die erste Runde vorbei war, kletterten wir nackt auf die Galerie.

Ich durfte meine Eltern nicht anrufen. Er machte einfach weiter, die ganze Nacht hindurch, wie ihm beliebte.

Als junges Mädchen hatte ich meine eigene Theorie, was die Liebe betraf. Alles hing davon ab, ob ich bereit war, einem Menschen zu verzeihen, was er in seiner Phantasie mit mir anstellte. Auch die schmutzigsten Phantasien. Wenn nicht, blieb es bei einer normalen Freundschaft, egal, wie gut wir uns verstanden. So hatte ich es mir zumindest vorgenommen. Doch eine Beziehung, bei der Vertrauen und Verzeihen absolut keine Rolle spielten, sondern einzig und allein der Sex – daran hatte ich nicht im Traum gedacht. Es gab also noch Überraschungen in der Welt … Stumm machten wir immer weiter, wurden nicht müde. Nur einmal fragte ich: »Wann hattest du eigentlich das letzte Mal Sex?« Sein Durchhaltevermögen beeindruckte und beunruhigte mich zugleich. »In der Oberschule, ein einziges Mal«, antwortete er. Ach so, dachte ich, kein Wunder.

Ich wollte wissen, wie spät es war, aber er hatte die Uhren versteckt, und vor dem Fenster hing ein schwerer, schwarzer Vorhang, der den Raum in eine Dunkelkammer verwandelte. Ich schlief ein und wachte wieder auf. Es war mir jetzt alles egal, ich wollte nur Wasser trinken, trinken und noch mal trinken. Selbstverständlich war ich auch auf dem Klo nicht allein. Einmal urinierte ich sogar in gefesseltem Zustand. Was man vor den eigenen Eltern und Geschwistern nie tun würde, geht vor jemandem, den man kaum kennt, ganz leicht … Sex ist eine seltsame Sache. Je länger alles andauerte, desto stärker wurde das Gefühl, nie etwas anderes gemacht zu haben.

»Dass ich dir etwas zeigen wollte, war nicht gelogen«, sagte er plötzlich, nachdem ich etwa beim zwölften Mal die Bemerkung fallenließ, meine Eltern würden sicher die Polizei anrufen, wenn ich mich nicht bald meldete. Aus der Tiefe eines Regals mit sorgsam eingereihten Ordnern und Büchern holte er eine schmale, längliche Schachtel hervor. Er öffnete den Deckel, und was sah ich: die kleine, schrumpelige Mumie einer Katze.

»Uuuh...«, entfuhr es mir. »Hast du die selber präpariert?«

Er nickte. Ich erschrak. Die Frage war mehr ein Scherz gewesen.

»Ich mochte die Katze sehr, wirklich. Achtzehn Jahre alt ist sie geworden. Wie bei den ägyptischen Mumien hab ich die Eingeweide herausgenommen und duftende Kräuter und Gräser reingetan. Nicht einfach und nicht sehr appetitlich, das ganze Prozedere, Details erspar ich dir. Es braucht ziemlich viel Mut. Natürlich war ich auch neugierig, ich wollte wissen, ob ich selber so eine Mumie präparieren kann, aber das allein reicht noch nicht...«

»Es hat dich sicher Überwindung gekostet.«

»Allerdings. Du denkst vielleicht, es hätte mir Spaß gemacht, aber es war eine traurige Angelegenheit. Ich hab sie ja nicht getötet, und trotzdem kommt es mir vor, als hätte ich sie mit eigenen Händen umgebracht.«

»Das ginge mir auch so.«

»Ich wollte sie eben unbedingt erhalten, ihre äußere Gestalt.«

»Wenn sie wüssten, wie es geht, würden das wahrscheinlich noch viele tun. Wie jene Leute, die Tiere ausstopfen oder aus Fellhaar einen Pullover stricken. Ist doch fast das Gleiche, oder?«

Er schwieg. Nach einer Pause sagte er: »Ich weiß, du willst mich nicht mehr sehen, aber kannst du nicht wenigstens noch einen Tag bei mir bleiben? Wenn du deine Eltern jetzt anrufen willst, bitte.«

»Unmöglich«, sagte ich.

Eingehüllt in ein hübsches Tuch, lag die Katzenmumie still und reglos da.

Sobald man empfänglich wird für die gute Seite eines Menschen, kann er nicht mehr jene Bestie bleiben, für die man ihn bis vor wenigen Augenblicken noch gehalten hat. Ein Störenfried namens »Mitgefühl« schlich sich in mein Herz und bedrängte mich.

Meine Eltern haben mich oft dafür getadelt, aber schon als Kind konnte ich ziemlich kühl und abweisend sein. Einmal, erinnere ich mich, wollte meine Mutter im Kaufhaus etwas besorgen, sie geriet an einen unfähigen Verkäufer, der weder ein Gespür für seine Kunden hatte noch die mindeste Ahnung, wie man sie anständig berät. Als Mutter begann, ihre Einkäufe woanders zu erledigen, sagte ich: »Das hat er nun davon, dieser armselige Wurm…«, worauf sie mich empört zurechtwies: »So was denkt und sagt man nicht, verstanden?« Das sei arrogant, ja menschenverachtend, schalt sie mich. Gewiss, ich habe keinen Grund, auf andere herabzusehen; aber den Verkäufer konnte ich damals beim besten Willen nicht anders sehen. Ein kleiner, hilfloser Wurm, der blind in einer Schachtel umherkriecht. Auch jetzt erging es mir so. Mein aufrichtiges Gefühl ließ sich doch nicht beirren. Jemandem, mit dem ich mir keine längere Beziehung vorstellen konnte, wollte ich mein Herz nicht öffnen. Ich entschloss mich aufzubrechen.

»Ich ruf mal zu Hause an.«

Kaum hatte ich das Handy aus meiner Tasche geholt, riss er es mir aus der Hand und schmetterte es zu Boden.

»Hey, was soll das?!« Empört stand ich auf, wandte mich

zur Tür. Da stürzte er los und wollte sich abermals über mich hermachen. Instinktiv ergriff ich eine lange, schmale Tonfigur, die gerade in Reichweite war, und schlug zu. Die Figur zersprang in tausend Stücke, Blut rann über sein Gesicht.

In diesem Moment begann all das, was für mich in dem Wort »Liebe« schlummerte, zu kochen und zu brodeln. Jene Menschen, die ich in der Vergangenheit geliebt hatte und die ich in Zukunft lieben würde; meine Unfähigkeit, sie zu verstehen, Hoffen und Bangen, Trauer und Schmerz – in diesem einen, einzigen Augenblick kam alles hoch, quoll über.

»Es tut mir leid … Was hab ich nur getan!«

Tränen kullerten aus meinen Augen. Ich schlang die Arme um ihn.

»Schon gut, ist meine Schuld«, sagte er.

Ich verarztete ihn notdürftig, dann rief ich meine Eltern an. Ich bin für zwei, drei Tage weg, macht euch bitte keine Sorgen, sagte ich und legte schnell auf.

Nun schon im Frühstadium der Liebe, kroch ich auf der Galerie wieder unter seine Decke. Wir bewegten uns vorsichtig, um ja die Wunden nicht zu berühren.

Doch der Moment des Abschieds rückte unerbittlich näher. Wir wussten es beide.

Als ich einmal erwachte, saß er aufgerichtet im Bett. Der fahle Lichtstrahl einer Straßenlaterne fiel auf ihn. Reglos betrachtete er meinen entblößten Bauch. Schaute und schaute. Als würde er ihn mit seinem Blick durchdringen, bis in die Eingeweide hinein. Er will mich zu einer Mumie machen, dachte ich unwillkürlich. Seltsamerweise hatte ich keine Angst und schlief wieder ein.

Als ich abermals erwachte, regnete es in Strömen. Wenn es aufhört, geh ich nach Hause, sagte ich. Er nickte. Das Blut der Wunden in seinem Gesicht war eingetrocknet. Während ein heftiges Gewitter um uns tobte, verbrachten wir die letzten gemeinsamen Stunden.

Ich möchte mich lieber nicht daran erinnern, wie wütend meine Eltern waren. Wäre er der Mörder gewesen, hätte die Sache wenigstens noch einen interessanten Dreh bekommen. Doch nichts davon. Kurz darauf wurde der Mörder gefasst. Ein verrückter Typ mittleren Alters hatte seine Geliebte umgebracht und zerstückelt.

Danach begegnete ich Tajima nie wieder. Es hieß, er sei im Ausland malariakrank geworden, seit seiner Rückkehr leide er unter einer Neurose, er sei im Krankenhaus oder müsse regelmäßig hingehen. Wie auch immer, ich schloss mein Studium ab, wurde Apothekerin und zog aus der Stadt.

Ein paar Jahre später veröffentlichte er seinen ersten Kriminalroman, der in Ägypten spielte. Er wurde ein wenig berühmt, in Zeitschriften erschienen Fotos und Interviews. Na sieh mal an, dachte ich. Einer wie er, der klug war, sich für Archäologie interessierte und über eine besondere Wahrnehmungsfähigkeit verfügte, musste ja Schriftsteller werden. Aber so großartig fand ich das nun auch wieder nicht – eine Meinung, für die mich meine Eltern bestimmt wieder gescholten hätten. Wie arrogant!

Offenbar hatte er geheiratet; auf den Fotoseiten der Hochglanzmagazine prangten jetzt auch Bilder seiner Frau. Dass sie ähnlich gebaut war wie ich, war selbst mit Kleidern unschwer zu erkennen. Als ich sie das erste Mal sah, spürte ich einen leisen Stich in meiner Brust.

Ich verliebe mich wie andere auch, verabrede mich mit meinem Freund, mache mich schön für ihn, wir reden über dies und das und gehen miteinander ins Bett. Dass einer, dem ich am Abend zufällig auf der Straße begegne, mich noch einmal so verrückt macht, wird wohl kein zweites Mal mehr vorkommen. Es war ein besonderer Augenblick gewesen, in dem meine seltsam übersteigerte Sinneswahrnehmung die Grenzen zwischen Phantasie und Wirklichkeit auslöschte. Gewöhnlich geschehen Dinge aus verschiedenen Gründen. Doch wenn man alles ignoriert und sich nur auf eines konzentriert, wird alles möglich. Zufällig kreuzten sich an jenem Tag unsere Wege, mein Gemütszustand traf auf seinen, sie passten genau zueinander, es kam zu einer Art chemischer Reaktion, und wir beide fanden uns urplötzlich in einer neuen Sphäre wieder. Eine gewaltige, überwältigende Energie musste dabei am Werk gewesen sein.

Manchmal denke ich: Ist denn mein Leben, aufgefächert in einen Reigen von Aktivitäten, jetzt besser, richtiger, glücklicher?

Jener Abend, als ich mit offenen Augen in seinen Armen lag und lauschte … Wie unendlich schön, wie bezaubernd erschien mir das Donnern und Grollen des Gewitters! Um ein Haar hätte ich diese Welt aus eigener Kraft nicht mehr verlassen können.

Ich stelle mir vor: Was, wenn er mich wie seine Katze in eine Mumie, in ein Wesen anderer Daseinsform verwandelt hätte? Oder wenn meine leidenschaftliche, erstickende Liebe ihn erschlagen hätte, wenn sein Kopf wie eine Melone zerplatzt wäre?

Nun, ich muss gestehen, so schlimm wär das auch nicht gewesen.

Astrid Rosenfeld

Das gute Leben

Wo sind wir?«, fragte Sofia.
»In einem Wald«, antwortete er.

Sie lagen auf dem Fuchsfell. Sonnenstrahlen drangen durch die Baumkronen, malten Muster auf ihre Körper.

»Ja, aber wie heißt der Ort?«

»Ich weiß es nicht.«

»Ist ja auch egal«, sagte sie.

Drei Tage und Nächte waren sie schon unterwegs. Er hatte ihre Hand keinen Augenblick losgelassen.

Prinzessinnen haben goldene Haare und wohnen in Schlössern. Lange Zeit glaubte Sofia Klarsten, dass sie eine Schwester jener Geschöpfe aus ihren Märchenbüchern wäre. Schließlich waren ihre Haare golden und das Haus, in dem sie lebte, so groß, dass es durchaus als Schloss gelten konnte.

Sofias Vater herrschte zwar nicht über ein Königreich, aber über eine Papierfabrik. Sechs Produktionsstätten im In- und Ausland, fast dreitausend Mitarbeiter, Umsätze im dreistelligen Millionenbereich.

Sofias Mutter besaß ein Klavier und trug Kleider, die einer Königin würdig waren. Auch wenn Inge Klarsten den ganzen Tag auf dem Sofa verbrachte und Bourbon trank, hätte sie jederzeit – ohne einen einzigen Blick in den Spiegel werfen zu müssen – aufstehen und zu einem Ball gehen können.

Auf dem dunkelbraunen Chesterfield-Sofa liegend komponierte Inge oft inwendig ganze Konzerte.

»Mama, kannst du mir die Lieder, die du im Kopf machst, auf dem Klavier vorspielen?«

»Du bist schrecklich trivial, Kind«, lautete Inges Antwort auf die Bitte ihrer Tochter stets nur.

Immerhin durfte Sofia der Mutter beim inwendigen Komponieren zuschauen. Ganz still musste sie dabei sein, außer wenn Inge mit den Fingern gegen das leere Glas schnippte. Dann war es dem Kind erlaubt, sich zu rühren, um nachzuschenken.

Der Bourbon war ein weiteres Indiz für Sofias Verwandtschaft mit den Figuren aus Grimms Märchen. Vier Rosen zierten die Flasche mit der honigfarbenen Flüssigkeit. Ein Zaubertrank, unberechenbar. Er konnte die Mutter in eine gute Fee oder in eine böse Hexe verwandeln.

Die gute Fee hatte Sofia einst sechs Springmäuse geschenkt, die böse Hexe hatte sie ihr wenige Monate später wieder genommen.

Die gute Fee liebte es, die Köchin, das Hausmädchen und die Tochter zu verkleiden. Es gab Nachmittage, da tanzten sie alle vier, in Pelz und Seide gehüllt, mit Juwelen behängt, durch das riesige Haus.

Die böse Hexe zertrümmerte Meißener Porzellan, weinte und schrie, bis das schöne Gesicht von roten Flecken und verlaufener Wimperntusche entstellt war.

Der Vater hatte eine ähnliche Wirkung auf die Mutter wie

der Zaubertrank. Mal entlockte er ihr die süßesten Töne, die charmantesten Scherze, mal kamen nichts als zornige Flüche und Beleidigungen aus Inges rotgeschminktem Mund.

Der Bourbon war immer da, der Vater nur selten zu Hause.

Bis zu ihrem sechsten Lebensjahr waren die Eltern, das Hausmädchen, die Köchin und der Bourbon Sofias ganze Welt. Sie ging nicht in den Kindergarten, hatte keine gleichaltrigen Freunde. Sofia war glücklich, auch wenn das Verhalten der Mutter ihr manchmal Angst machte und sie den vielbeschäftigten Vater vermisste, aber so ist das eben in Märchen. Springmäuse verschwinden, Zaubertränke sind mit Vorsicht zu genießen, Könige haben keine Zeit, am Ende jedoch geht es immer gut aus. Nie wäre Sofia auf die Idee gekommen, dass das Hausmädchen und die Köchin sie meinten, wenn vom »armen Mädchen« die Rede war.

Sofia hatte Mitleid mit diesem armen Kind, dessen Vater ein Egoist und dessen Mutter eine Alkoholikerin war. Zwar wusste Sofia weder was ein Egoist noch was eine Alkoholikerin ist, aber es klang grausam.

»Vielleicht kann das arme Mädchen bei uns wohnen.«

Die zwei Frauen bearbeiteten ein Ferkel und hatten nicht bemerkt, dass Sofia die Küche betreten hatte.

»Man belauscht Erwachsene nicht«, mahnte die Köchin erschrocken. Das tote Schweinchen wäre fast von der Anrichte gefallen.

»Ich habe nicht gelauscht. Ich ... das arme Mädchen, es ... Es kann in meinem Zimmer schlafen und ...«

»Ach Sofia, du liebes Kind«, sagte die Köchin und seufzte. »Das geht nicht. Das geht leider nicht.«

Das Hausmädchen lächelte traurig.

Von da an nahmen sich die beiden in Acht, und Sofia hörte sie nie wieder über das arme Mädchen sprechen. Aber vergessen konnte sie es nicht. Jeden Abend betete sie für die Unbekannte und dankte dem lieben Gott für ihr eigenes gutes, märchenhaftes Leben.

An ihrem dritten Schultag, auf dem Pausenhof, geriet Sofias Welt ins Wanken.

»Du dumme fette Sau. Du siehst aus wie eine Sau«, brüllte ein Junge und schubste sie.

Als Sofia später, zu Hause, in den Spiegel schaute, suchte sie vergeblich die Prinzessin. Ein schwabbelbackiges Schweinsgesicht mit gelben Haaren starrte sie an.

Anstatt dem lieben Gott vor dem Schlafengehen zu danken, weinte Sofia nun jeden Abend bitterlich.

Der Vater war zu sehr mit der Welt da draußen, die Mutter zu sehr mit der Musik in ihr beschäftigt, als dass sie die Traurigkeit ihrer Tochter bemerkt hätten. Die Köchin und das Hausmädchen versuchten, das Kind zu trösten, aber mehr als selbstgebackene Vanillekipferl fiel ihnen nicht ein. Ganze Bleche mit Vanillekipferl.

Aus dem etwas pummeligen Kind wurde ein fetter Teenager.

Längst hatte Sofia herausgefunden, dass der Zaubertrank ihrer Mutter im Supermarkt knapp 30 D-Mark kostete und dass der Grund für die ständige Abwesenheit ihres Vaters unendlich lange Beine hatte.

Rocky Pelzer wollte es besser machen als sein Vater. Nein, nicht bloß besser – denn wie schwer konnte es schon sein, es besser zu machen als einer, der auf ganzer Linie versagt hatte. Er wollte es gut machen. Was auch immer dieses »es« sein mochte. Um es gut zu machen, um überhaupt etwas zu machen, brauchte man Geld. Musste es beschaffen, besitzen, bewahren. Einmal war es Rockys Vater Rudolph gelungen, einen Batzen Geld zu beschaffen. Das ereignete sich viele Jahre vor Rockys Geburt. Ein Banküberfall, Mitte der 60er in der bayerischen Provinz.

Der plötzliche Wohlstand hatte Rudolph überfordert. Angst schlich sich in seine Träume. Angst, dass man ihn nach dem gelungenen Coup doch noch überführen würde. Angst, dass ein Unglück ihm alles wieder nehmen könnte.

Diese Angst ließ Rudolph sein kleines Vermögen in rasantem Tempo verprassen. Diese Angst ließ ihn trinken.

Kein Jahr später war Rudolph ärmer als je zuvor. Ein besoffener Taugenichts, der sich mit Gelegenheitsjobs über Wasser hielt.

Eine jener Frauen, die mit einem allzu ausgeprägten Helfersyndrom geschlagen sind, verliebte sich in Rudolph. Versuchte, den Mann mit den schönen grünen Augen zu retten. Natürlich ging diese Geschichte nicht gut aus. Am Ende der fast achtjährigen Beziehung erhängte sich Christine. Da war Rocky sechs Monate alt. Er wuchs ohne eine einzige Erinnerung an seine Mutter auf, mit einem Vater, dessen Leber von Alkohol und dessen Herz von Bitterkeit zerfressen waren.

Alles, was Rudolph seinem Sohn beibrachte, war, dass man Geld brauchte, um ein gutes Leben zu führen. Dass man es beschaffen, besitzen und bewahren musste.

»Wie kommt man an Geld, Papa?«

»Man überfällt eine Bank, aber das ist heutzutage nicht mehr so einfach. Fast unmöglich.«

»Hast du schon mal eine Bank überfallen?«

»Ja.«

»Und dann hattest du Geld?«

»Ja.«

»Und ein gutes Leben?«

»Ja«, sagte Rudolph, obwohl das nicht der Wahrheit entsprach. »Und jetzt halt die Goschen.«

»Papa?«

»Halt die Goschen, hab ich gesagt.«

Als Rocky mit 15 Jahren die Schule ohne Abschluss verließ, konnte er kaum schreiben und lesen. Er wohnte mit seinem Vater in einer Einzimmerwohnung mit Einbauküche. In der Küche wohnten Schaben. Um der Enge, dem Ungeziefer und dem trunkenen Rudolph zu entfliehen, verbrachte Rocky die meiste Zeit auf der Straße. Allein – er hatte keine Freunde.

Seine einsamen Wege führten ihn in das Villenviertel der Stadt. Dort residierten die Menschen, denen gelungen war, wovon Rocky träumte. Beschaffen, besitzen, bewahren.

Er betrachtete die Fassaden der imposanten Bauten. Lugte durch Zäune, hinter denen sich parkähnliche Gärten erstreckten. Beobachtete die Autos, auf deren Kühlerhauben stets Figuren thronten – ein Jaguar, eine gebeugte Frau im Fahrtwind. Autos, deren Garagen größer waren als die Wohnung, in der er, Rudolph und die Schaben hausten.

Es war August und so warm, dass Rocky auch die Nächte draußen verbringen konnte. Er liebte den Sommer, der Sommer schenkte ihm Freiheit.

Sofia Klarsten hasste den Sommer, die hohen Temperaturen nahmen ihr die Möglichkeit, den fetten Körper unter einem Mantel zu verstecken.

Noch im Jahr zuvor waren die Klarstens – wie jeden Sommer – ans Meer gefahren. Aber Vater und Mutter vertrugen sich nicht mehr. Eigentlich hatten sie sich noch nie vertragen. Doch jetzt hatten sie kein Bedürfnis mehr, auch nur so zu tun. Sofia war alt genug, sie hätte die Ferien in einem Camp für Kinder steinreicher Eltern verbringen können, wenn sie gewollt hätte. Sie wollte nicht.

Meist hielt sich Sofia im obersten Stockwerk auf. So weit wie möglich von der inwendig komponierenden Mutter entfernt. Schon lange war die gute Fee nicht mehr zum Vorschein gekommen. Wutausbrüche wechselten mit Apathie, der Vater derweil widmete sich der langbeinigen Außenwelt.

Die Köchin und das Hausmädchen waren nicht gewillt, ihre Pläne der neuen Sommersituation anzupassen. Sie packten wie jedes Jahr ihre Koffer und reisten ab, die eine nach Polen, die andere ins Erzgebirge. So waren die weiblichen Mitglieder der Familie Klarsten auf sich allein gestellt.

Um in die Küche zu gelangen, musste Sofia in die untere Etage und an der Flügeltür des Wohnzimmers vorbei. Sie schlich auf Zehenspitzen, bemüht, Inge nicht auf sich aufmerksam zu machen.

»Sofia. Sooofffiiiaaa«, rief die Mutter, »komm hierher, sofort.«

Sofia betrat das Wohnzimmer. Scherben auf dem Parkettboden.

»Womit habe ich das verdient?«, zischte Inge, halb liegend, halb sitzend. Blumen und Bourbonspritzer zierten ihr Sommerkleid. »Womit?«

Die Tochter schwieg. Sie hatte gelernt, dass es so besser war. Dass es keine Antwort gab, die es vermocht hätte, Inges Zorn zu besänftigen.

»Dein Vater ist ein Dreckskerl. Weißt du, was das ist?«

Schweigen.

»Und du? Du frisst und frisst und frisst. Schau dich an! Schau dich doch an.«

Ein Reiter aus Porzellan flog zu Boden. Das Pferdchen verlor den Kopf.

»Womit habe ich das verdient? Womit?«

Stille.

Dann rollte sich Inge zusammen, sagte nichts mehr. Ihre weit aufgerissenen Augen starrten ins Leere.

Fort. Treppauf. Weg von ihr. Treppauf. ›Höher‹, dachte Sofia, als sie vor ihrer Zimmertür angelangt war, denn ein ›weiter‹ gab es nicht. ›Weiter‹ hätte bedeutet, dass sie hinaus musste, raus aus dem Haus. Und da draußen gab es nichts für sie. Jedenfalls nichts Tröstendes.

Höher.

Auf dem Dachboden lagerten Bilder, ausrangierte Möbel, alte Kleider, goldenes Besteck und ein Arsenal von Porzellanfiguren. Sooft Inge unten ihren Zorn an Zerbrechlichem ausließ, wurde hier oben Nachschub geholt. Es würde noch für einige wütende Jahre reichen.

Höher.

Rocky hockte auf dem Bordstein vor seinem Lieblings-haus, es dunkelte bereits. Der dreistöckige Prachtbau mit dem flachen Dach hätte durchaus als Schloss durchgehen können. Weiße Mauern, weiße Säulen. Ein hoher, mit Klet-terpflanzen bewachsener Zaun.

Das Tor öffnete sich automatisch. Ein Geräusch, kaum lauter als eine elektrische Zahnbürste. Schon seit Tagen wartete Rocky auf dieses Surren. Viele Male war er in Ge-danken den Ablauf durchgegangen:

Das Tor geht auf.

Die Schnauze des Jaguars kommt zum Vorschein.

Blinker.

Das Auto fährt auf die Straße.

Langsam schließt sich das Tor.

Vier Sekunden würden Rocky bleiben, um unbemerkt hineinzuhuschen.

Er wollte nichts stehlen – höchstens ein bisschen Schmuck oder eine Handvoll Gold, falls es einfach so her-umlag –, vielmehr hoffte der Junge, im Inneren der Villa eine Antwort zu finden, einen Hinweis: Wie es funktio-nierte: Geld beschaffen, besitzen, bewahren?

Das gute Leben.

Sofia platzierte die Trittleiter unter der Dachluke, die sich nur einen Spalt weit öffnen ließ. In der rechten Hand hielt sie ein Schwert. Es war alt und wertvoll, aber der eiser-nen Waffe würde nichts geschehen. Etwas anderes würde in wenigen Sekunden zu Bruch gehen. Sofia atmete ein und aus.

Es war kein Surren, sondern ein Klirren. Rockys Blick wanderte über den Zaun, die Fassade entlang.

Alles schien unverändert.

Doch dann: Ein Vollmond, ein menschgewordener Mond thronte auf dem Dach. Nie hatte Rocky etwas Schöneres gesehen.

Sofia hatte die höchste Höhe erklommen, sie wünschte sich, dass jemand sie hier oben sehen könnte.

Ein Pfiff.

Da unten im Schein der Straßenlaterne stand jemand.

Der Mond hatte seinen Pfiff gehört, winkte ihm zu. Winkte ihn heran. Rocky trat vor das Tor.

»Warte.« Die Stimme hallte durch die Straßen. Der Mond hatte gesprochen. Irgendwo bellte ein Hund.

Sofia kletterte die Leiter hinunter.

Eine venezianische Maske. Ein schwarzer Hut. Das Schwert. Es war warm, fast heiß in dieser Augustnacht. Aber wer sollte Sofia verbieten, ihren fetten Körper in weißes Fuchsfell zu hüllen?

Surren. Nicht die Schnauze des Jaguars kam zum Vorschein, sondern der Mond. Der Mond trug Fell und war bewaffnet, sein Gesicht hinter weißem Porzellan versteckt. Eine Hand, es war die Hand eines Mädchens, fasste die seine.

»Psst«, sagte der Mond, als sie das Haus betraten. Es roch nach Vanille und nach etwas, das Rocky an seinen Vater erinnerte.

Treppauf.

Die Größe der Villa ließ ihn erschauern. Riesige Räume, lange Gänge, die im Halbdunkel lagen. Wo war das gute Leben? Als würde jemand einen Film zu schnell abspielen, zogen Möbel und Gemälde an Rocky vorbei. Ein wirrer Traum. Das einzig Wirkliche war die Hand des Mädchens. Warm und weich. Weicher noch als das Fell.

Höher und immer höher.

Sie standen auf dem Dach. Sofias Linke hielt Rockys Rechte. Sofias Rechte hielt das Schwert.

»Wir könnten springen«, sagte der Mond.

»Oder«, sagte Rocky, »wir nehmen uns das gute Leben …«

Mord an Fabrikanten-Gattin

Am 18. August wurde Inge Klarsten, die Ehefrau des Papierfabrikanten Holger Klarsten, tot in ihrem Haus aufgefunden. Der Leichnam der 43-Jährigen wies zahlreiche Stichwunden auf. Schmuck im Wert von mehreren hunderttausend D-Mark wurde entwendet, daher geht die Polizei von einem Raubüberfall aus. Die oder der Einbrecher scheinen durch ein Dachfenster eingedrungen zu sein. Die 15-jährige Tochter des Paares, Sofia Klarsten, gilt als vermisst. Die Polizei kann weder eine Entführung noch einen weiteren Mord ausschließen. Holger Klarsten hielt sich zum Zeitpunkt des Verbrechens in Italien auf.

Tim Krohn

Regungen

Schüchternheit

Ben hatte zu schnell »nein« gesagt (er war sechzehn, ein wandelndes Bündel Unsicherheiten und sagte vorsichtshalber immer erst mal »nein«). Nun bereute er es bitter, denn alle fünf Frauen und Mädchen der Gutsfamilie waren mit geschürzten Röcken oder hochgekrempelten Jeans – die mollige Doris sogar nur im Slip – damit beschäftigt, in einem großen Zuber Trauben zu stampfen, und er war nicht dabei.

Ben Peter Harris (in anderen Zusammenhängen Benjamin P. Harris Junior) kam aus den Vereinigten Staaten, aus Macon, Arkansas, um genau zu sein, einem Städtchen in den Südstaaten also, das von der nahen Luftwaffenbasis Little Rock lebte. Er hatte die Reise nach Europa bei einem Schulwettbewerb gewonnen, für vier Monate durfte er als Austauschschüler ins burgundische Mâcon reisen. »Was für ein Kaff«, hatte er gedacht, als er feststellte, dass in Mâcon noch weniger Menschen lebten als in seinem erzlangweiligen Städtchen. Zu allem Überdruss sollte er auf einen Bauernhof ziehen – er, der in einem viktorianischen Holzhaus mit Säulen und einem englischen Rasen groß geworden war, der fast so kurz geschnitten war wie Bens Haar (denn Benjamin

P. Harris Senior war Kommandant des Stützpunkts und kontrollierte die Haarlänge seiner Söhne wöchentlich mit einem eigens dafür entwickelten Maßstab). Doch die Auszeichnung war eine Ehre und musste angenommen werden. Nun war er seit vier Tagen da und mit der französischen Lebensart, wie er sich eingestehen musste, gänzlich überfordert.

»Ben, komm runter«, hatte Silvie an diesem erstaunlich schwülen Septembermorgen vom Vorplatz her gerufen. »Heute ist Erntefest!«

Er hatte an Thanksgiving gedacht, an seine Mutter, die den ganzen Tag in der Schürze zwischen Küche und Esszimmer hin und her rannte, an den zähen Truthahn, die Dekoration aus Kürbis, Strohgebinden und buntem Plastiklaub, an die geladenen Gäste in Uniform und Zweireiher und die unvermeidliche Rede seines Vaters, die jedes Jahr, seit die Demokraten an der Macht waren, gehässiger wurde. »Nein, danke«, rief er, »da lerne ich lieber.« Denn er hatte feststellen müssen, dass er in jedem Fach hinterherhinkte.

Silvie hatte leider nicht insistiert, denn eben kamen ihre beiden Tanten an. Charlotte war eher unscheinbar, doch auch nicht übel, große Brüste, Anfang zwanzig. Die andere aber, Marie, eine Französischlehrerin, wie er später erfuhr, war in Worten gar nicht zu beschreiben, lang, schlank, dunkelhaarig, klar, entschieden, keinerlei Getue, wie er es von den amerikanischen Frauen kannte, auch kein Gequäke. Im Gegenteil, sie hatte eine tiefe, warme Stimme, die alles in ihm aufrüttelte, einen – wie er später feststellen sollte – wunderbar lakonischen Humor (den er leider oft nicht begriff) und überhaupt eine Wesensart, die jede ihrer Bewegungen zu einem Ereignis machte.

Ben beobachtete vom Fenster seines kleinen Mansardenzimmers aus, wie die Frauen sich begrüßten, scherzten und darauf warteten, dass die Männer die ersten Trauben in den Bottich leerten. Der stand in der Scheune, die Scheune wiederum war ans Wohnhaus angebaut. Also schlich Ben sich, sobald sie hineingegangen waren, auf den Dachboden. Den hatte Silvie ihm am ersten Tag gezeigt, er roch nach jahrhundertealtem Staub und war praktisch leer geräumt, bis auf einige hölzerne Gerätschaften, deren Zweck er nicht kannte, sah er nur eine Bananenschachtel mit Fotoalben, ein Goldfischglas mit einem aufgerissenen Tütchen Enzianbonbons darin und ein besticktes Geschirrtuch, auf dem stand: Beurre et pain font joli teint. Durch die Lücken im Riemenboden beobachtete er die Frauen und wunderte sich über so viel Unbefangenheit.

Erst zum Abendessen – und nachdem er sich zweimal von Silvie hatte rufen lassen – wagte er sich unter die Menschen und murmelte etwas von »schrecklich viel zu büffeln«. Doch Marie (er hatte nur Augen für Marie) sah keinen Augenblick lang aus, als kaufe sie ihm das ab.

Stattdessen lag, wann immer sie ihn ansah (und das tat sie öfters, während sie jemand anderem lauschte), etwas Amüsiertes in ihrem Blick, das Ben unmöglich deuten konnte. Auf seiner Stirn wiederum stand den ganzen Abend über

nur der eine Satz geschrieben: »Bitte berühren Sie mich!«
(Denn tatsächlich siezte er Marie, was sie zusätzlich amüsierte.)

Auch wenn Ben nicht begriff, wie er sich in dieser Runde zu
benehmen hatte, fühlte er sich – so erkannte er irgendwann,
in einer der Phasen, in denen sich das Tischgespräch um
Themen drehte, für die ihm das Vokabular fehlte, und niemand sich mehr die Mühe nahm, für ihn zu übersetzen – hier
doch weniger einsam als in seinem Elternhaus, in dem vor
lauter Prinzipientreue (oder Prinzipienreiterei – wo, fragte er
sich, war da die Grenze?) das Flüchtige, Flapsige, Freche und
Freie des Menschen verlorenging. So dachte er tatsächlich,
denn er war in jenem Alter, in dem man große Gedanken
liebt. Und er ging noch weiter: Er beschloss, seine Erkenntnis zum Ausgangspunkt des Berichts zu machen, den zu ver-
fassen und bei seiner Heimkehr der Schulleitung vorzulegen
er sich verpflichtet hatte.

Gern hätte er Marie von seinen Gedanken erzählt, doch sie
sprach ihn lange Zeit nicht an, und als sie es ganz überra-
schend tat, hatte er sich gerade an einen Film im Internet
erinnert, in dem auch eine Französischlehrerin vorkam,
dargestellt von einer gewissen Trudy Bitch, die für eine
Wohltätigkeitsorganisation von Haus zu Haus ging und
Tombolalose verkaufte; zog jemand das richtige Los, durfte
er sie auf der Stelle vögeln (es gab erstaunlich viele solcher
Lose). So konnte er nur stottern und hatte Marie gar nichts
Geistreiches zu entgegnen.

»Sixteen, what a shitty age, istn't it?«, sagte sie darauf (vermutlich um ihn zu trösten, doch ihm war, als hätte sie ihm die Brust durchbohrt), und bald darauf stand sie schon auf. In ihrem kleinen Renault fuhr sie durch die sternenklare Nacht heim in ein Dörfchen namens Digoin, in dem sie, wie er hörte, mit Mann und Kindern lebte. Zum Abschied gab sie allen Küsschen, nur Ben drückte sie kameradschaftlich die Hand (vermutlich wollte sie auch damit nur Rücksicht bezeigen).

Der Polstersessel aus abgewetztem Cordsamt, in dem sie vor dem *dîner* gesessen und ihren Kir getrunken hatte, roch aber noch einige Tage nach ihr, und Ben saß oft darin, wenn ihm – in Socken und mit langen Jeans – zu heiß war, um sich zu seiner Gastfamilie nach draußen zu setzen.

Melancholie

Es war einer dieser frühen Herbsttage, an denen der Sommer nochmals aufzuflammen scheint, allerdings mehr in der Erinnerung oder in der Hoffnung der Menschen. Das Licht war bereits golden und voller Abschied, die feinen Schweißtropfen in den Achselhöhlen und im Nacken, die die Sonnenstrahlen hervorgelockt hatten, machten die Leute frösteln, sobald sie in den Schatten traten oder ein Windstoß unter ihre Kleider fuhr. Es war einer dieser letzten Tage, an denen man sich ohne Jacke hinaustraut und hofft, es nicht zu bereuen. Dazu war auch noch Sonntag, ein stiller, leerer Tag, und der Gedanke, sich bald vor dem

Winter verkriechen zu müssen, wollte Marlene überhaupt nicht schmecken.

Es war ein Sommer zum Vergessen gewesen, keinerlei Abenteuer, kein Risiko, kein Schmerz, außer dem Schmerz endloser Langeweile. Sie hatte die Monate größtenteils in der Bibliothek verbracht, oder in Lerngruppen. Ertrug sie das Verharren an Ort und Stelle nicht mehr, setzte sie sich mit einem Packen Bücher in den nächstbesten Zug, fuhr, egal wohin – und schämte sich vor sich selber, dass dies schon ihr einziges bisschen Unvernunft war in den langen, heißen Sommermonaten.

Nun endlich waren die Prüfungen vorüber, doch auch der Sommer war vorbei. Die meisten Studenten waren noch in den Urlaub gefahren, bevor das neue Semester begann, nur sie hatte kein Geld, um zu verreisen, hatte keinen Liebhaber, der sie entführte. Mausbeinallein saß sie in ihrem kleinen Studio und fürchtete sich vor der drohenden Kälte.

Endlich konnte sie sich überwinden, wenigstens den Computer anzustellen. Post hatte sie keine, das wunderte sie nicht.

Kurzentschlossen klickte sie die Homepage des Stadtmagazins an und gab ein Inserat auf: »BEGLEITUNG FÜR MEISTBIETENDEN. Ihr da draußen, hört ihr mich? Bin 24, schön und sexy, intcressant, kreativ, spontan, ich tanze gern und habe ein goldenes Händchen für Massagen. Suchst du Begleitung für ein Geschäftsessen, eine Hochzeit (nicht DEINE Hochzeit), einen Tanzkurs oder eine durchzechte

Nacht? Melde dich mit Foto und Beschreibung, ich versteigere meistbietend einen wirklich schönen Abend inklusive Rücken-Nacken-Massage, auswärts essen und Late Night Drink. Mach mir ein Angebot. Lg Sela.«

Sie tippte die Zeilen ohne Zögern oder Nachdenken, in einem Anflug von Übermut, der allerdings gleich schwand, nachdem sie »enter« gedrückt hatte. Müde klappte sie den Laptop zu und ließ sich vom Hocker zu Boden rutschen. Eine Weile lag sie da, starrte in eine der oberen Zimmerecken und fragte sich, wie sie auf den absonderlichen Namen Sela verfallen war. Doch der himmelblaue Plüschteppich schabte bei jedem Atemzug leise an ihren Nackenwirbeln, sie begann zu schnurren wie ein Kätzchen, und während sie halb wegdämmerte, malte sie sich aus, welcher Art die Abenteuer sein mochten, die ein Mädchen namens Sela aus der Reserve lockten.

Natürlich waren die meisten Antworten, die sie auf das Inserat bekam, blanker Unsinn, den sie gleich aussortierte. Ein gewisser Robert Marchant jedoch, der sie in seiner Zuschrift siezte und Mademoiselle Sela nannte, weckte ihre Neugierde. Er bat sie, ihn zu einer Party zu begleiten. »Das Kostüm, das Sie tragen werden«, schrieb er, »erfordert eine gewisse Freizügigkeit (und selbstverständlich Reinlichkeit). Mehr wird von Ihnen nicht erwartet, Sie werden sich niemandem anbieten, Sie werden nicht einmal mit jemandem sprechen. Berührt Sie jemand, lassen Sie es geschehen, ich werde dafür sorgen, dass Sie nicht bedrängt werden. Ihr Auftritt wird eine Stunde dauern, danach verlassen Sie die Party.«

Sie schrieb zurück und fragte, um was für eine Party es sich handle und was sie als Gegenleistung erwarten dürfe. Er antwortete nur knapp: Sie müsse nicht befürchten, auf Bekannte zu treffen, der Anlass sei für internationale Kunstfreunde gedacht. Ihr Auftritt sei ihm tausend Franken wert und finde in einer Villa am Genfersee statt, ein Chauffeur werde sie vom Bahnhof abholen, umziehen könne sie sich im Wagen.

Sie sagte zu, mehr als das Geld reizte sie die Tatsache, dass Robert sie engagiert hatte, ohne sich nach ihrem Aussehen zu erkundigen oder um ein Bild zu bitten, das hatte eine Eleganz und Großzügigkeit, die sie mehr lockte als die Frivolität (die lockte sie schon auch).

So fuhr sie einige Tage später nach Genf. Ein älterer, vierschrötiger Mann mit starkem Bartschatten und behaarten Handrücken (vermutlich ein Sizilianer oder Spanier, dachte sie) erwartete sie am Bahnhofstreffpunkt, »Mlle Sela« stand auf dem Schild, das er vor seiner Brust hielt. Sie sprachen kaum, sein Französisch schien so dürftig zu sein wie ihres, er brachte sie in einem gewöhnlichen Toyota auf einen der Hügel über dem Genfersee, während der Fahrt zog sie sich auf dem Rücksitz um. Das Kostüm befand sich in einem Beutel aus Satin, es war tatsächlich ungewöhnlich, mehrmals sah sie nach, ob sie nicht ein Kleidungsstück übersehen hatte. Eine Art Pullover aus grauem Kunstfell, eng anliegend, er reichte nicht einmal bis zum Nabel. Und dazu eine Kapuze mit Mäuseohren, unter der sie ihr Haar versteckte. Von den untersten Rippen abwärts war sie nackt.

In einem Dorf hielten sie vor einer Herberge, der Fahrer stieg aus, kam dann mit einem gutgekleideten Mann zurück, der vorn im Wagen Platz nahm. »Ich bin Robert Marchand«, sagte er, ohne ihr mehr als einen flüchtigen Blick zu schenken oder ihr die Hand zu reichen. »Ich freue mich, dass Sie gekommen sind.«

»Sind Sie sicher, dass dies das ganze Kostüm ist?«, fragte sie.

Robert nickte nur. »Ich möchte, dass Sie auf allen vieren gehen«, erklärte er etwas später. »Die Auffahrt zum Haus ist mit Splitt bedeckt, das könnte schmerzhaft sein. Wir werden so vorfahren, dass Sie sich auf dem Rasen fortbewegen können. Die Treppe ist aus Marmor.«

Und sonderbar, als Sela bereitete es ihr keine Mühe, seiner Aufforderung zu folgen. Eine gute Stunde lang bewegte sie sich als Maus durch die Menge. Sie vermutete, dass sie in irgendeiner Form angekündigt worden war, jedenfalls war niemand allzu erstaunt über ihren Auftritt. Sie wurde auch kaum berührt, einige Damen tätschelten ihr den Hintern, jemand kraulte sie einmal zwischen den Ohren. Ihre entblößten Stellen fasste niemand an, beinahe litt sie darunter. Sie stellte fest, dass sie es ungemein erregend fand, sich mit geschwollenen Schamlippen zwischen den Partygästen zu bewegen, die Cocktailkleider und Maßanzüge trugen. Sie spürte, wie gelegentlich ein Tropfen ihrer Nässe den Oberschenkel hinabglitt, wie ab und zu ein Windstoß ihr erhitztes Geschlecht kühlte und sich die Rosette ihres Afters zusammenzog. Sie hätte sich nichts sehnlicher gewünscht, als dass ein zweites Fabeltier hereingeführt worden wäre, um sie vor aller Augen, wild und maßlos, von hinten zu beschlafen. Stattdessen führte sie gegen zehn Uhr der Fahrer hinaus, sie setzte sich in den Wagen, zog sich auf der Fahrt zum Bahnhof wieder an, und erhielt einen Umschlag mit dem Geld.

Das war ein vielversprechender Anfang, und sie freute sich auf weitere Abenteuer. Die nächste Anfrage wies sie allerdings erst ab. Eine Frau namens Marty bat Sela in unverblümten Worten, sie im Restaurant ›Blinde Kuh‹ zu treffen, um sie, wie sie es ausdrückte, »mit Händen und Küssen zu verwöhnen«. Das Besondere an der ›Blinden Kuh‹ war, dass der Raum vollständig abgedunkelt war, die Gäste sahen weder das Essen noch einander, sie schmeckten, hörten, rochen und fühlten nur. Marlene gefiel der Gedanke, so quasi vor aller Augen und doch in einer Welt, die sie mit niemandem teilte, Unanständigkeiten zu begehen, allerdings war sie ziemlich sicher, dass sie die Finsternis nicht aushalten würde, und schrieb entsprechend zurück.

»Liebe Sela«, antwortete Marty, »dann erwarte ich Sie um drei Uhr diesen Samstag bei mir. Die Tür wird angelehnt sein. Tun Sie mit mir, was Sie für richtig halten. Erwartungsvoll, Ihre Marty«

Dem konnte Marlene nicht widerstehen. Die Adresse führte sie zu einem Apartmenthaus im Seefeld. Die Haustür war verschlossen, sie wusste nicht, wo sie klingeln sollte, da Marty nur ihren Vornamen angegeben hatte. Sie wartete, bis jemand das Haus verließ, dann suchte sie die Stockwerke nach einer angelehnten Tür ab. Musik leitete ihre letzten Schritte, das Summen indischer Saiteninstrumente. Ein schwerer, süßer, etwas abgestandener Geruch umfing sie, als sie die Tür aufschob, dann sah sie am Fenster eine schmale, feingliedrige Frau stehen, in einem grünen gerippten Pullover, Jeans und Socken. Sie trug das lange Haar offen, und auf den ersten Blick war Marlene sicher, dass es sich um ein Mädchen in ihrem Alter handelte. Erst als sie die Tür schloss und hinter sie trat, erkannte sie mit einiger Verwirrung, dass Marty um die fünfzig sein musste. Ihr Haar war mehr grau als aschblond, die Haut war in bleichem Ton dick gepudert, die Wangen nachlässig mit Rouge betupft. Der süßliche Duft verstärkte sich, und als sie ihr das Haar zur Seite schob und mit den Lippen ihren Nacken berührte, stellte Marlene fest, dass es Martys Körper war, der ihn ausströmte.

Obwohl sie eine Perücke trug – einen Pagenkopf –, fiel es ihr nicht leicht, Sela zu spielen. Marty hatte eine Maske aufgesetzt, die alles Licht von ihren Augen abhielt, sie atmete schwer vor Erwartung und klammerte sich mit den Händen ans Fenstersims, dass die Knöchel weiß hervortraten. »Ich bin da«, hauchte Marlene ihr ins Ohr, worauf Martys Lungen sich unkontrolliert mit Luft vollsogen, ein Zittern durchfuhr ihren Körper, dann ließ sie sich völlig unangekündigt gegen Marlene fallen.

Erschrocken packte Marlene sie unter den Armen und trug sie halb, halb zog sie sie zu einem zotteligen Teppich, auf dem sie sie niederlegte und dann durch den V-Ausschnitt des Pullovers nach ihren Brüsten griff. Marty war unter dem Pullover nackt, die Brüste klein und schlaff, die Haut um die Brustwarzen ausgetrocknet, und Marlene fragte sich, worauf sie sich da eingelassen hatte. Doch Marty schmiegte sich an sie wie ein Kind, immer wieder durchfuhr ein Beben ihren schmächtigen Körper, und einmal lachte sie – es war ein sonderbar entrücktes, kehliges Lachen, das nicht zu ihr zu passen schien und wie geborgt klang. Es kostete Marlene einige Arbeit, Marty auszuziehen, denn die dachte nicht daran, sie in ihren Bemühungen zu unterstützen. »Nimm mich«, flüsterte sie einige Male fast tonlos, dann wartete sie wieder bebend wie ein Kaninchen auf die nächste Berührung. Marlene streifte Schuhe und Socken ab und schlüpfte aus der Bluse. Kurz überlegte sie sich, auch die Perücke auszuziehen, die furchtbar kratzte, doch ohne sie wäre sie wieder bloß Marlene, und all das schleichende Elend, das Martys Altengeruch entströmte, hätte sie erdrückt.

Sie setzte sich auf Martys Hüfte, schob ihr den Schenkel zwischen die Beine und bemühte sich, in eine erotische Stimmung zu geraten, doch es gelang ihr nicht. Inzwischen war Marty etwas mutiger geworden, sie hob die Hand und strich mit Fingern, die sich anfühlten wie Vogelkrallen, Marlenes Büstenhalter entlang. Marlene spürte, wie Marty die glühende Scham an ihren Schenkel presste, sie fühlte eine klebrige Feuchte, der Geruch wurde so stickig, dass sie kaum noch atmen konnte, sie sah den offenen, ausgetrockneten Mund unter der eigentlich sehr hübschen kleinen Nase und wich vor Martys Atem zurück. Ihr eigener Schweiß fühlte sich mit einem Mal kalt an, sie fröstelte, und ohne einen Entschluss gefasst zu haben, erhob sie sich, griff nach ihren Kleidern, nahm das Geld, das auf dem Fensterbrett für sie bereitlag, und floh. Ehe sie die Tür ins Schloss zog, blickte sie zurück. Marty schien noch nicht begriffen zu haben, dass das Spiel vorüber war. »Nimm mich«, formten ihre Lippen ein weiteres Mal, während sie mit schlafwandlerischen Bewegungen versuchte, eine Berührung zu erhaschen.

Danach rief Marlene keine Antworten auf Selas Inserat mehr ab.

Süßer Verzicht

Sie hatten sich bei seiner Abschiedsparty kennengelernt. Drei Jahre Brasilien, ein befristeter Job als Architekt – aber was ist das für eine Frist, drei Jahre!, wenn man sich zwei Tage vor der Abreise verliebt? Es hatte sie wie ein Hammerschlag getroffen, sie sahen sich und zweifelten nicht daran, dass sie füreinander geschaffen waren. Natürlich sprachen sie das nicht aus, doch was sonst sollten sie sprechen? Sie blieben auf bis sechs Uhr früh, sie tranken kontinuierlich, doch nie so viel, dass sie betrunken waren, sie redeten pausenlos, doch immer um den heißen Brei. Charlotte hatte eben eine Stage beim Fernsehen begonnen, das war, was sie wollte, eine Karriere beim Fernsehen, diese

Chance kam nicht zweimal. Sebastian konnte in Brasilien bauen, richtig bauen, ganze Dörfer, es war sein Traumjob. Sie hatten das sehr schnell abgecheckt, sie wussten voneinander, dass sie ohne Beziehung waren, dass sie beschlossen hatten, frei zu sein, so richtig leidenschaftlich in ihr Berufsleben zu starten, sich nicht von einer Liebe bremsen zu lassen.

Und sie fühlten Katzenjammer. Sie wollten übereinander herfallen und waren gleichzeitig erstarrt vor Panik, nackter Panik, es war das Dümmste, Auswegloseste, Verzweifeltste, Bescheuertste, sich jetzt zu verlieben.

Über all das sprachen sie nicht, sie sprachen über Bambus als Baustoff, über die Tendenz zu immer mehr Reality-TV, über Castingshows und die Qual der Westeuropäer, unendlich viele Wahlmöglichkeiten zu haben, was die Lebensplanung anging. Es war Charlotte, die um halb sechs recht unvermittelt meinte: »Vielleicht sollten wir einfach miteinander schlafen.«

»Was heißt ›sollten‹?«, fragte Sebastian.

»Vielleicht erledigt es sich dann von selbst.«

»Der Bäcker unten im Haus bäckt die weltbeste Baguette«, sagte Sebastian, und Charlotte fand es tausendmal schöner, mit ihm halb betrunken, sehr müde, sehr berauscht, in Socken die Treppe hinabzusteigen (sie liebte den Geruch im Treppenhaus, es roch nach Küchengas, staubigem Estrich und Druckerschwärze wie früher im Mietshaus ihrer

Großmutter) und sich mit der noch warmen Baguette, zwei Tetrapak Comella und einem Apfel, den sie Biss um Biss teilten, auf die Stufen zu setzen, zu essen, zu schweigen. Immer wieder verloren sich ihre Blicke ineinander, sie wollten sich mehrmals küssen und taten es nicht, Charlotte war manchmal unvermittelt den Tränen nahe, doch es war er, der sich schließlich halb lachend, halb verzweifelt die Wange trocken wischte, sie hatte gar nicht bemerkt, dass er weinte.

»Scheiße«, sagte er nur, dann küssten sie sich doch, befummelten sich, hörten aber bald wieder auf, ihre Gefühle waren zu groß für schnellen Sex.

»Es drückt mir den Atem ab«, sagte Charlotte irgendwann. »Ich halte das so nicht aus, es muss etwas passieren.« Sie gab ihm eine Sekunde Zeit, sich für eine Handlung zu entscheiden, dann verlor sie die Geduld, öffnete seine Hose, nahm sein Glied in die Hand, massierte es, leckte es, dann hörte sie wieder auf.

Sie lachten beide über ihre Ratlosigkeit. Dann küssten sie sich wieder, mit Mündern, die wie festgezurrt waren von zu viel gespritztem Weißem, von all der Anspannung. Es waren keine schönen Küsse, doch sie vergingen vor Sehnsucht nacheinander, sie rochen einander, sie berührten einander, und in jedem Augenblick staunten sie von neuem darüber, wie viel Gefühl da war.

Danach sahen sie sich zwei Tage lang nicht. Sebastian hatte zu packen, Papiere zu besorgen, Möbel einzustellen. Charlotte versuchte sich einzureden, dass sie so beschäftigt war wie er, sie machte sich in der Redaktion nützlich, bis die Kollegen ihr ins Gesicht sagten: »Du nervst.«

In der letzten Nacht trafen sie sich wieder. Die Abmachung war klar, in einigen SMS getroffen: finaler Sex, eine Beziehung von einer Nacht, alles innerhalb von acht Stunden, begonnen wird in der Badewanne. Der Beginn klappte gut, er kam zu ihr, seine Wohnung war inzwischen aufgelöst, Silvia, Charlottes Mitbewohnerin, hatte sich zu ihrem Freund verzogen. Sie öffnete ihm die Tür mit zwei Gläsern Wodka in der Hand, die sie kippten, ehe sie sich umarmten, sich küssten, einander auszogen, alles sehr zielstrebig. Die Wanne hatte sie schon einlaufen lassen, einen siebenarmigen Kerzenständer aus dem Judaica-Shop aufgestellt, sie zog ihn etwas kokett ins Bad und setzte sich in die Wanne.

Doch danach hatte alle Zielstrebigkeit ein Ende. Sie staunten wie Kinder übereinander, sie lachten viel, sie gestanden einander die sexuellen Bedürfnisse ihrer Adoleszenz und saßen in der Wanne, bis ihre Haut schrumpelte und der Boiler, aus dem sie manchmal heißes Wasser nachlaufen ließen, den Dienst quittierte. Sie küssten sich ab und zu, doch behutsam, kleine, spitze Küsse auf verschrumpelte Körperteile.
Er küsste ihr ab und zu die Zehen ab, sie lutschte an seinem kleinen Finger, während sie ihm zusah, wie er nach Erinnerungen kramte, sie sortierte, sich manchmal wortlos

schämte, sich Mühe gab, nicht zu pervers zu erscheinen. Er staunte sehr, als sie ihm vom Aal erzählte, den ihre Großmutter im Ganzen gekocht hatte, als sie neun oder zehn Jahre alt war, er kam sich plötzlich etwas stümperhaft vor und versuchte, sie zu übertrumpfen, doch offensichtlich war sie sexuell sehr viel neugieriger und verspielter als er.

Als sie sich auf Charlottes Futon legten, war Mitternacht vorbei, und kurz versuchten sie nochmals, miteinander zu schlafen, doch es war ihnen wichtiger, sich eng zu halten, sich zu riechen, zu fühlen, wie die noch badewasserfeuchte Haut erst eintrocknete, dann in der gemeinsamen Körperwärme allmählich wieder weich und feucht und samten wurde.

Sebastian verbarg das Gesicht in der Kuhle zwischen Charlottes Kinn und ihrem Hals, sie war nicht sicher, ob er weinte, dann schliefen beide ein.

Das Frühstück am anderen Morgen verlief eilig, sie war schon auf, als er erwachte, hatte die Cafetera aufgesetzt und Cornflakes, Zucker und Milch auf den Tisch gestellt, so hatte er als Kind gefrühstückt, und er hatte einen Kloß im Hals, als er sie ein letztes Mal auf den Mund küsste, ohne Zunge, er küsste sie, wie man seine Frau küsst, seine Frau, die man liebt, die man seit Jahren liebt und die so unverzichtbar geworden ist wie ein eigener Körperteil, wie ein Fuß, dann sagte er:

»Ich habe keine Zeit fürs Frühstück, ich hole mein Gepäck und muss zum Flughafen, und es ist besser, wir verabschieden uns hier.«

Schweigend sah sie zu, wie er sich anzog, sie fühlten sich beide beklommen. Gern hätte sie ihm nachgesehen, doch ihre Wohnung hatte kein Fenster zur Straße hinaus.

Nachweis

Elisabeth Ambras (Pseudonym, Geburtsdatum unbekannt)
Die Zunge. Aus: Elisabeth Ambras, *Fingerspitzengefühl.*
Bettgeschichten. Copyright © 2014 by AB – Die Andere
Bibliothek GmbH & Co. KG, Berlin

Philippe Djian (* 3. Juni 1949)
Slip oder Schlüpfer. Aus dem Französischen von Michael
Mosblech. Aus: Philippe Djian, *100 zu 1.* Frühe Stories.
Copyright © 2008 by Diogenes Verlag AG, Zürich

Doris Dörrie (* 26. Mai 1955, Hannover)
Medusa. Auszug aus: Doris Dörrie, *Alles inklusive.* Copyright © 2011 by Diogenes Verlag AG, Zürich

Patricia Highsmith (19. Januar 1921, Fort Worth/Texas –
4. Februar 1995, Locarno/Schweiz)
Auf der Plaza. Aus dem Amerikanischen von Melanie
Waltz. Aus: Patricia Highsmith, *Die stille Mitte der Welt.*
Stories. Mit einem Nachwort von Paul Ingendaay. Copy-
right © 2002 by Diogenes Verlag AG, Zürich

Vea Kaiser (* 21. Dezember 1988, St. Pölten)
Das Königreich der Bora oder Rovinjsko Ludilo. Original-

Früher war mehr...

Hinterhältige erotische Geschichten

Das Hinterhältigste an Sex ist eigentlich die deutsche Bezeichnung ›Geschlechtsverkehr‹ und die Tatsache, dass die ganze Welt und besonders die Medien völlig sexbesessen sind. In diesem Buch wird nun endlich aufgezeigt, dass der Höhepunkt völlig überbewertet wird und dass Sex leider zu oft mit Katastrophen, Peinlichkeiten oder schlicht Stress verbunden ist. So erzählt zum Beispiel Gabriel García Márquez vom Traum von Sex im Flugzeug, der leider ein Traum blieb, und Henry Slesar von einem jungen Mann, der die hinterhältigste Methode erfunden hat, jede Frau zu bekommen. Ob Spanner (F. K. Waechter), Partnertausch (John Irving), Lolita (Vladimir Nabokov), das erste Mal (Arnon Grünberg und Philippe Djian), käufliche Liebe (Doris Dörrie), Sextoys (Ian McEwan) oder Samenklau (Jeffrey Eugenides), immer gilt in dieser Sammlung von hinterhältigen erotischen Geschichten: »Ich weiß die Frage nicht, aber Sex ist bestimmt die Antwort« (Woody Allen).

»Jeder denkt, ich sei total verrückt nach Sex. In Wahrheit lese ich viel lieber ein gutes Buch.« *Madonna*

»Was für den einen Pornographie ist, bedeutet für den anderen das Lachen des Genies.« *D. H. Lawrence*

Spannende und entspannende Geschichten im Diogenes Verlag

Zum Lesen auf Reisen, am Strand, auf dem Balkon, im Bett oder sonstwo ...

»Wo lesen wir unsere Bücher? Wo –? Im Fahren. Denn in dieser Position, sitzend-bewegt, will der Mensch sich verzaubern lassen ... Die Bücher, die der Mensch nicht im Fahren liest, liest er im Bett ... Im Bett soll man nur leichte und unterhaltende Lektüre zu sich nehmen sowie spannende und beruhigende, ferner ganz schwere, wissenschaftliche und frivole sowie mittelschwere und jede sonstige, andere Arten aber nicht ... Manche Menschen lesen Bücher in einem Boot oder auf ihrem eigenen Bauch, auf einer grünen Wiese. Besonders um diese Jahreszeit ... Manche Menschen lesen die Bücher am Strand, davon kommen die Bücher in die Hoffnung. Nach etwa ein bis zwei Wochen schwellen sie ganz dick an – nun werden sie wohl ein Broschürchen gebären, denkt man – aber es ist nichts damit, es ist nur der Sand, mit dem sie sich vollgesogen haben. Das raschelt so schön, wenn man umblättert ...

Merke: Es gibt nur sehr wenige Situationen jedes menschlichen Lebens, in denen man keine Bücher lesen kann, könnte, sollte ...« *Kurt Tucholsky*

Hinterhältige Geschichten
im Diogenes Verlag

Früher war mehr Strand
Hinterhältige Reisegeschichten
Auch als Diogenes Hörbuch erschienen

*Früher war noch
mehr Strand*
Hinterhältige Reisegeschichten

Früher war mehr Herz
Hinterhältige Liebesgeschichten
Auch als Diogenes Hörbuch erschienen

Früher war mehr…
Hinterhältige erotische Geschichten

Früher waren mehr Tore
Hinterhältige Fußballgeschichten sowie zwei Dialoge und zwei Gedichte

*Früher war
mehr Bescherung*
Hinterhältige Weihnachtsgeschichten

Früher war mehr Lametta
Hinterhältige Weihnachtsgeschichten
Auch als Diogenes Hörbuch erschienen

*Früher war noch
mehr Lametta*
Hinterhältige Weihnachtsgeschichten
Auch als Diogenes Hörbuch erschienen

*Früher war noch
viel mehr Lametta*
Hinterhältige Weihnachtsgeschichten
Auch als Diogenes Hörbuch erschienen

Nicht schon wieder Wellen!
Hinterhältige Geschichten vom Meer
Auch als Diogenes Hörbuch erschienen

Nicht schon wieder Essen!
Hinterhältige kulinarische Geschichten

Achtung Weihnachten!
Hinterhältige Geschichten und Gedichte von gestern und heute. Mit vielen Bildern, Texten und einem Vorwort von Tomi Ungerer

Nicht schon wieder tot!
Hinterhältige Kriminalgeschichten

*Früher war Weihnachten
später*
Hinterhältige Weihnachtsgeschichten

*Früher war Weihnachten
viel später*
Hinterhältige Weihnachtsgeschichten

Schöne Bescherung
Hinterhältige Weihnachtsgeschichten

Außerdem erschienen:

Nicht schon wieder Ostern!
Hinterhältige Ostergeschichten. Diogenes Hörbuch, 1 CD, gelesen von Tommi Piper